JN074181

税効果会計における

「税率差異」の実務 第3版

公認会計士　　　　税理士
中島 努・中島礼子 著

中央経済社

はじめに

　「税率差異分析」—— 経理実務担当者であれば，「あの面倒くさい手続か」というネガティブな印象を持たれている方も多いかもしれません。

　税効果会計の実務において，意外と手間がかかり，また担当者を悩ませるのがこの「税率差異分析」であるというのが，筆者の実感です。問題をややこしくしている要因の１つは，<u>差異発生要因の多くが税額計算に由来しており，会計上の手続であるにもかかわらず，その分析には税法の知識が必要であること</u>であると考えます。つまり，会計（税効果会計）・税務の両方の知識が必要となるため，会計専門家・税務専門家どちらにとっても苦手な分野となりやすいのです。

　本書では，税率差異分析について，その枠組み（会計的側面）と，差異発生要因（税務的側面）の双方の側面から解説を行い，会計と税務の知識の融合を図ります。

　本書は税効果会計に携わるすべての方々を対象としています。財務諸表及びその注記を①作っている方（企業で財務諸表の作成を担当している方），②チェックしている方（監査で税金勘定を担当している方），③利用している方（投資・財務デューデリジェンスのために有価証券報告書の注記情報を分析する方），これらの方々に必要な情報をできるだけわかりやすく，かつ網羅的に記載するよう心がけました。

　第３版では，税率変更および子会社株式簿価減額特例，グループ通算制度の導入といった税制の変更に対応する改訂を行いました。

本書の構成は以下のとおりです

第Ⅰ部：個別財務諸表における税率差異

　第1章：税率（税額）差異が発生するしくみ

　第2章：税率（税額）差異分析の方法

　第3章：税率（税額）差異要因を漏れなく把握するには

　第4章：差異要因の項目別解説

　第5章：総合設例

　補　論：グループ通算制度と個別財務諸表における税率差異

第Ⅱ部：連結財務諸表における税率差異

　第1章：連結財務諸表に係る税効果会計の概要

　第2章：連結財務諸表に係る税率差異の要因

　第3章：連結財務諸表に係る税率差異分析ワークシート

　第Ⅱ部（連結財務諸表における税率差異）においては，連結財務諸表独特の差異要因を中心に説明をしています。したがって，第Ⅰ部（個別財務諸表における税率差異）の内容（特に第1章から第3章まで）を理解したうえで第Ⅱ部に進まれることをお勧めします。

　なお，本文中意見にわたる部分については執筆者の私見であることをあらかじめ申し添えます。

　2023年4月

公認会計士　中　島　　　努

税　理　士　中　島　礼　子

本書の利用にあたって

　本書をご利用いただくにあたっては，いくつか留意していただく事項がありますので，それを以下に記載します。

1．簡略形用語，用語定義
　本書においては，いくつかの用語について，文章が冗長になるのを防ぐため，簡略形を用いて説明しています。

■本書で用いる簡略形の用語の定義

> **法人税等**：損益計算書上の「法人税，住民税及び事業税」
>
> **法人税等負担額**：損益計算書上の「法人税，住民税及び事業税」と「法人税等調整額」の合計額
>
> **法人税等負担率**：損益計算書上の「法人税，住民税及び事業税」と「法人税等調整額」の合計額を税引前当期純利益の額にて除したもの
>
> **法人税等負担額理論値**：税引前当期純利益に法定実効税率を乗ずることにより得られる値（＝理論上の法人税等負担額）
>
> **税額差異**：損益計算書上の法人税等負担額と，法人税等負担額理論値の差額
>
> **事業税**：事業税および特別法人事業税（税率等も両者の合計税率にて示します）[注]

（注）事業税については，特に断りのない限り所得割についてのみ記載しています。

■その他用語について

　本書では「税率差異分析をマスターする」ことを第一目標としています。したがって，理解のしやすさを優先し，税法上の用語について，一部簡略化した用語を使用しています。内容を損なわないように配慮していますが，より正確な用語等を確認したい場合は条文あるいは税法の専門書をご確認ください。

２．税　率

　本書は令和5年1月1日現在公布されている税法を基礎として記載をしています。仮に今後，税率の変更が行われた場合であっても，税制の体系が変更とならない限り税率（税額）差異分析の基本的なアプローチ方法は同様ですので，税率部分につき読み替えてご利用ください。

３．グループ通算制度

　本書においては，原則としてグループ通算制度を適用していない法人を前提として説明を行っています。ただし，税率（税額）差異分析の基本的アプローチは，グループ通算制度の適用有無にかかわらず同様であることから，通算制度を適用している会社の方にも参考図書としてご利用いただけるものと考えます（通算法人の場合，文中における法人税申告書の別表の番号が異なることとなる点にご留意ください）。また，グループ通算制度適用法人における独特の税率差異項目については補論にて説明をしていますので，こちらをご参照ください。

4．凡　例

税効果適用指針	税効果会計に係る会計基準の適用指針（企業会計基準委員会）
持分法会計基準	持分法に関する会計基準（企業会計基準委員会）
持分法実務指針	持分法会計に関する実務指針（日本公認会計士協会）
法人税等会計基準	法人税，住民税及び事業税等に関する会計基準（企業会計基準委員会）
グループ通算取扱い	グループ通算制度を適用する場合の会計処理及び開示に関する取扱い（企業会計基準委員会）
回収可能性適用指針	繰延税金資産の回収可能性に関する適用指針（企業会計基準委員会）
法法	法人税法
法令	法人税法施行令
地法	地方税法
地令	地方税法施行令
措法	租税特別措置法
措令	租税特別措置法施行令
復興法	東日本大震災からの復興のための施策を実施するために必要な財源の確保に関する特別措置法

Contents

はじめに

本書の利用にあたって

第Ⅰ部　個別財務諸表における税率差異

第Ⅱ部　連結財務諸表における税率差異

第1章　連結財務諸表に係る税効果会計の概要　*160*

第2章　連結財務諸表に係る税率差異の要因　*168*

5 のれん ……………………………………………………… *186*

6 子会社が計上した損益 ………………………………… *191*

7 為替換算調整勘定 ……………………………………… *195*

8 受取配当連結消去による影響 ………………………… *197*

第3章　連結財務諸表に係る税率差異分析ワークシート　*211*

参 考

第 I 部

個別財務諸表における
税率差異

第1章

税率(税額)差異が発生するしくみ

☝この章の目標
- 税率差異の意味とその発生のしくみを理解する。
- 税率差異分析の役割・必要性を理解する。

1 税率(税額)差異とは何か

　税率差異とは，<u>損益計算書における法人税等負担率</u>[注]と法定実効税率の差異を意味します。つまり，実際の法人税等負担率と理論上の法人税等負担率との差異を意味します。たとえば法定実効税率が30％である場合において法人税等負担率が40％であるときには，「税率差異は10％」ということになります。

　(注) **法人税等負担率**：損益計算書上の「法人税，住民税及び事業税」と「法人税等調整額」の合計額を税引前当期純利益の額にて除したもの

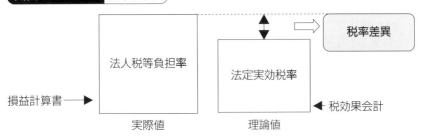

図表 I-1-1 税率差異

また本書において，「税額差異」という用語は，法人税等負担額^(注1)と理論値^(注2)との差額という意味で使用します。

（注1）**法人税等負担額**：損益計算書上の「法人税，住民税及び事業税」と「法人税等調整額」の合計額
（注2）**法人税等負担額理論値**：税引前当期純利益×法定実効税率

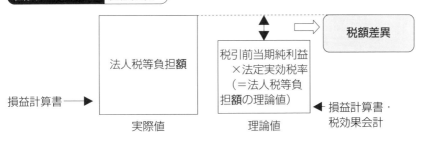

図表 I-1-2 税額差異

　「税率差異」「税額差異」いずれも実際値と理論値の差という点で共通していますが，前者が税率に着目しているのに対し，後者は税額に着目しています。税額差異を税引前当期純利益で除したものが税率差異に一致します。

　税率差異・税額差異ともにその発生するしくみや，分析手法は同様であることから，本書では基本的に両者について「税率（税額）差異」と

して一括して説明を行い，必要に応じて個々の説明を行います。

 ポイント | 税率差異と税額差異

税率差異：法人税等負担率－法定実効税率

税額差異：法人税等負担額－税引前当期純利益×法定実効税率

2 なぜ税率（税額）差異が発生するのか

会社が税効果会計を適用している場合，図表Ⅰ－1－3のようなごくごく単純なケースについては法人税等負担率が法定実効税率に一致します。

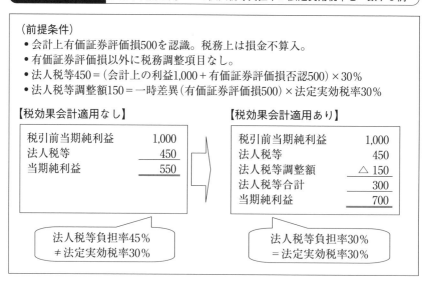

図表Ⅰ－1－3 税効果会計適用により法人税等負担率が法定実効税率と一致する例

（前提条件）
- 会計上有価証券評価損500を認識。税務上は損金不算入。
- 有価証券評価損以外に税務調整項目なし。
- 法人税等450＝（会計上の利益1,000＋有価証券評価損否認500）×30％
- 法人税等調整150＝一時差異（有価証券評価損500）×法定実効税率30％

【税効果会計適用なし】

税引前当期純利益	1,000
法人税等	450
当期純利益	550

【税効果会計適用あり】

税引前当期純利益	1,000
法人税等	450
法人税等調整額	△ 150
法人税等合計	300
当期純利益	700

法人税等負担率45％
≠法定実効税率30％

法人税等負担率30％
＝法定実効税率30％

しかしながら，現実にはほとんどのケースで法定実効税率と法人税等負担率は一致しません。図表Ⅰ－1－4に，有価証券報告書に記載され

た法人税等負担率と法定実効税率の差異の例を記載します。

| 図表Ⅰ－1－4 | 有価証券報告書に記載された法人税等負担率と法定実効税率（単体） |

(令和4年3月期)

	A社	B社	C社	D社	E社	F社	G社	H社
①税効果会計適用後の法人税等負担率	22.0%	35.8%	39.6%	△6.6%	27.4%	105.0%	47.6%	△39.4%
②法定実効税率	30.1%	30.4%	30.5%	30.6%	30.6%	30.6%	30.6%	30.6%
③税率差異（①－②）	△8.1%	5.4%	9.1%	△37.2%	△3.2%	74.4%	17.0%	△70.0%

(各社有価証券報告書より)

　では，なぜこのようなことが生じるのでしょうか？

　それは，損益計算書に計上される当期の法人税等負担額が必ずしも次の算式を満たすものではないからです。

当期法人税等負担額

　＝（税引前当期純利益±一時差異）×法定実効税率

　上記算式が成立しない典型的な要因としては，「永久差異」の存在が挙げられます。永久差異とは会計上と税務上の差異のうち当該差異が永久に解消されることがないものを指します。具体的には損金不算入交際費などが該当します（注）。

　永久差異はそれが税務加算項目であれば法人税等負担率を押し上げる方向に働き，それが税務減算項目であれば法人税等負担率を押し下げる方向に働きます。つまり，税率差異の発生要因となります。

　図表Ⅰ－1－5に損金不算入交際費がある場合の例を示します。

　(注)「永久差異」の範囲について

　　永久差異とは一般に「会計上と税務上の利益の差異のうち，当該差異が永久に

解消されないもの」を指しますが，税率差異発生要因全般を「永久差異」と称する例もあります。本書において，「永久差異」は前者の意味で使用しています。

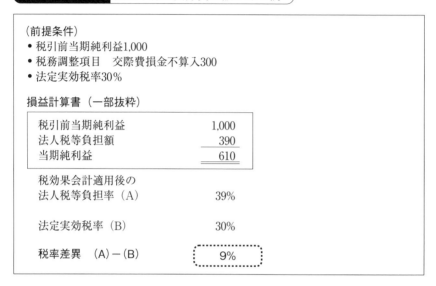

図表Ⅰ－1－5　損金不算入交際費の額がある例

（前提条件）
- 税引前当期純利益1,000
- 税務調整項目　交際費損金不算入300
- 法定実効税率30％

損益計算書（一部抜粋）

税引前当期純利益	1,000
法人税等負担額	390
当期純利益	610

税効果会計適用後の法人税等負担率（A）	39％
法定実効税率（B）	30％
税率差異　（A）－（B）	9％

　上記の例において損金不算入とされた交際費については将来減算されるということはありませんので，一時差異として認識されず，繰延税金資産の計上は行われません。この結果，法人税等負担額は390，法人税等負担率にして39%と，法定実効税率30%に比して9%高くなっています。

　このように，永久差異は，税率（税額）差異を発生させる要因となりますが，これ以外にも税率（税額）差異を発生させる要因があります。

3　税率（税額）差異要因にはどのようなものが あるか

　永久差異が税率（税額）差異を発生させる要因であることは前述のとおりですが，それだけが税率（税額）差異を発生させる要因というわけではありません。

　たとえば，住民税均等割額のような税引前当期純利益の額に関係なく課される税金で，法人税等に計上されるものは，税率（税額）差異の発生要因となります。

　また，税制上の優遇措置として設けられている租税特別措置法上の各種税額控除（例：試験研究費の税額控除）も，税率（税額）差異を発生させる要因となります。

　このほか，税率（税額）差異を発生させる要因であり，かつ非常に大きな影響を及ぼすことが多い項目が「評価性引当額の増減」です。繰延税金資産の一部または全部の回収が見込まれない場合，回収の見込まれない部分について繰延税金資産は計上できません。この計上できない部分（評価性引当額）を積み増し，あるいは取り崩す際の相手勘定は，原則として法人税等調整額となります[注1]。したがって，評価性引当額の増減は税率（税額）差異の発生要因となります[注2]。

（注1）有価証券評価差額など資本直入されるものに対する繰延税金資産に係る評価性引当額を除きます。

（注2）貸借対照表上は評価性引当額を控除後の純額にて繰延税金資産が表示されます。したがって，貸借対照表上，「評価性引当額」という科目は登場しません（有価証券報告書上は注記としての開示が行われます）。

　図表Ⅰ－1－6に，評価性引当額の増加による税率差異発生の数値例を示します。

図表Ⅰ-1-6 繰延税金資産に対する評価性引当額計上による税率差異の発生例

（前提条件）
- 法定実効税率30%
- 当期法人税申告調整項目なし⇒評価性引当額積増し以外の要因による法人税等調整額の計上なし（未払事業税に係る税効果は捨象，課税所得×法定実効税率＝法人税等の額としている）。
- 【評価性引当額計上後】では，前期以前に計上された繰延税金資産100について回収が見込まれなくなったため，以下の仕訳を計上している。

法人税等調整額　100　／　繰延税金資産　100

【評価性引当額計上前】

税引前当期純利益	1,000	(A)
法人税等の額	300	
法人税等調整額	0　300	(B)
当期純利益	700	
法人税等負担率(B)/(A)	30%	(C)
法定実効税率	30%	(D)
税率差異(C)-(D)	0%	

【評価性引当額計上後】

税引前当期純利益	1,000	(A)
法人税等の額	300	
法人税等調整額	100　400	(B)
当期純利益	600	
法人税等負担率(B)/(A)	40%	(C)
法定実効税率	30%	(D)
税率差異(C)-(D)	10%	

評価性引当額計上により
発生した税率差異

　図表Ⅰ-1-7に主な税率差異要因を掲げました。これを見ると税率差異が発生する要因には非常に多くの種類があることがわかると思います。

　これらの要因により税率差異が発生するしくみについては，第4章にて詳説します。

図表Ⅰ－1－7　主な税率差異要因

永久差異項目（課税所得の計算上加算（減算）された後に減算（加算）されることのない項目）	交際費損金不算入
	寄附金損金不算入
	役員報酬，役員退職給与損金不算入
	受取配当益金不算入
	外国子会社配当益金不算入
	完全支配関係者間の寄附金・受贈益
	過少資本税制（国外支配株主等に係る負債利子の課税の特例），過大支払利子税制
	未確定債務として否認されたもののうち，将来減算（留保）時に加算（流出）処理されるもの（役員賞与引当金等）
	株式の発行法人への譲渡（完全支配関係者間）
	のれん償却費
	抱合せ株式消滅差損益
	特定外国子会社の所得の合算課税（タックスヘイブン対策税制）
	合算課税済利益配当の益金不算入
	損金算入外国法人税
採用した法定実効税率と当該所得に課される税率との差異によるもの	中小法人等に係る軽減税率等
	特定同族会社の特別税率
	国外支店に帰属する所得に対する税^{（※）}
課税所得と直接連動せず税額を増加／減少させる項目	租税特別措置法上の税額控除（試験研究費の特別控除など）
	住民税均等割
	控除対象外所得税
	控除対象外外国税額
	過年度法人税，延滞税，加算税等
その他	評価性引当額の増減等
	外国法人税控除限度超過額の期限切れ
	繰越欠損金の期限切れ
	税率変更による繰延税金資産取崩し（積増し）
	寄附修正
	子会社株式簿価減額特例

（※）外国税額につき損金算入方式を採用している場合。

4　税率（税額）差異分析とは何か

(1)　税率（税額）差異分析

　3では，税率（税額）差異がさまざまな要因により発生することを説明しました。

　このように，当然発生するべくして発生する税率（税額）差異もありますが，一方で，税効果会計の処理を間違えてしまった場合にも税率（税額）差異が発生することがあります。たとえば，図表Ⅰ－1－8の【誤】の例では未払事業税を一時差異として認識するのを失念したため，本来税率差異が発生するような要因はないにもかかわらず，税率差異が発生してしまっています。

　では，税率（税額）差異が生じている場合において，その差異が差異発生要因に起因する当然に発生すべき差異であるのか，それとも税効果会計の処理を間違えたことにより発生している差異なのかをどのように把握するのでしょうか？

　これを検証するのが**税率（税額）差異分析手続**です。税率（税額）差異分析手続とは，いろいろな要因で発生する税率（税額）差異について，その発生要因ごとにその影響（影響額）を計算し，これを集計したものと法定実効税率（法人税等負担額理論値）を合計したものが法人税等負担率（法人税等負担額）と一致するかどうかを検証するというものです。

　この税率（税額）差異分析手続は通常，決算を締める段階で，税効果会計の処理を検証するために行われます。

図表 I − 1 − 8 税効果会計の処理間違いにより税率差異が発生した例

（前提条件）
- 税引前当期純利益10,000
- 法人税等申告調整項目　賞与引当金繰入1,000（加算否認）
- 期首一時差異　なし
- 期末一時差異　賞与引当金1,000　未払事業税416
- 法定実効税率30.62%
- 【誤】の例では，未払事業税に係る繰延税金資産を計上漏れ。

【誤】

税引前当期純利益		10,000
法人税等の額	3,496	
法人税等調整額	△ 306	3,190
		6,810

税効果会計適用後の 法人税等の負担率（A）	31.90%
法定実効税率（B）	30.62%
（A）−（B）	1.28%

【正】

税引前当期純利益		10,000
法人税等の額	3,496	
法人税等調整額	△434	3,062
		6,938

税効果会計適用後の 法人税等の負担率（A）	30.62%
法定実効税率（B）	30.62%
（A）−（B）	0.00%

本来であれば法人税等負担率＝法定実効税率となるべきところ，税効果会計の処理間違いにより差異が発生している。

図表 I − 1 − 9 差異分析において検証される式

【税率ベースによる差異分析】

法定実効税率　＋　差異要因による税率への影響の合計　＝　法人税等負担率[※]

【税額ベースによる差異分析】

法人税等負担額理論値[※]　＋　差異要因による税額への影響の合計額　＝　法人税等負担額[※]

（※）　用語の定義については本書巻頭の「本書の利用にあたって」参照。

(2)　税率差異分析の例

　以下に，税率差異分析の設例を示しました。この設例では差異分析を実施した結果，税効果会計の処理間違いが発見されたため，修正を行った結果，修正後に検算式が成立しています。

設例1　税率ベースによる差異分析の例

前提条件

- 税引前当期純利益10,000
- 法定実効税率30.62%，住民税均等割300
- 申告調整項目：
  （流出項目）　交際費損金不算入2,000　役員報酬損金不算入500
  　　　　　　　受取配当益金不算入1,000
  （留保項目）　賞与引当金否認800
- 期首一時差異　なし
- 事業税中間納付額　なし
- 税効果会計適用後の税効果会計関連の勘定の残高は以下のとおり。
  ―法人税等の額　　4,209 ⎫
  　　　　　　　　　　　　⎬ 法人税等負担額3,964
  ―法人税等調整額△245 ⎭
  ―繰延税金資産245（賞与引当金800×法定実効税率）

（i）　法定実効税率　30.62%

（ii）　差異要因集計

	課税所得計算上加算された額（A）	法人税等負担額への影響（B）＝（A）×法定実効税率	法人税等負担率への影響（C）＝（B）÷税引前当期純利益
損金不算入交際費	2,000	612	6.12%
損金不算入役員報酬	500	153	1.53%
受取配当益金不算入	△1,000	△306	△3.06%
住民税均等割		300	3.00%
繰延税金資産に係る評価性引当金増加		0	0.00%
計		759	7.59%

（iii）　あるべき法人税等負担率　（（i）+（ii））　38.22%

（iv）　損益計算書の法人税等負担率

　　法人税等負担額3,964÷税引前当期純利益10,000　39.64%

（v）　（iv）－（iii）　1.42%

損益計算書上の法人税等負担額とあるべき法人税等負担額との間に差異が生じている
⇒差異分析か税効果会計処理のいずれかが間違っている

　上記分析にて差異が発生したため，税効果会計処理を見直したところ未払事業税等465に係る繰延税金資産142が計上されていなかったことが判明。会計処理を修正，再度差異分析を行う。

(修正後)

修正後税効果会計関連の勘定の残高は以下のとおり。

―法人税等の額　4,209 ⎫
　　　　　　　　　　　 ⎬ 法人税等負担額3,822
―法人税等調整額△387 ⎭

―繰延税金資産387（賞与引当金800＋未払事業税465）×法定実効税率

(ⅰ)　法定実効税率　　　　　　　　　　　　　　　　　　　　　30.62%

(ⅱ)　差異要因集計

	課税所得計算上加算された額（A）	法人税等負担額への影響（B）＝（A）×法定実効税率	法人税等負担率への影響（C）＝（B）÷税引前当期純利益
損金不算入交際費	2,000	612	6.12%
損金不算入役員報酬	500	153	1.53%
受取配当益金不算入	△ 1,000	△ 306	△ 3.06%
住民税均等割		300	3.00%
繰延税金資産に係る評価性引当金増加		0	0.00%
計		759	7.59%

(ⅲ)　あるべき法人税等負担率（(ⅰ)+(ⅱ)）　　　　　　　　　　38.22%

(ⅳ)　損益計算書の法人税等負担率

　　　法人税等負担額3,822÷税引前当期純利益10,000　　　　　38.22%

(ⅴ)　(ⅲ)－(ⅳ)　　　　　　　　　　　　　　　　　　　　　　0.00%

法人税等負担額は適正に計上されている

ポイント｜税率（税額）差異分析とは

　税率（税額）差異分析とは税率（税額）差異の発生要因を分析・集計し，これと法定実効税率（法人税等負担額理論値）を合計したものが法人税等負担率（法人税等負担額）と一致するかどうかを検証する手続である。

5　税率（税額）差異分析の役割・必要性

　ここで，税率（税額）差異分析の役割・必要性について説明します。

⑴　財務諸表作成者にとっての役割・必要性
　　　―チェック機能

　4で述べたとおり，税率（税額）差異分析を行うことにより，税効果会計の処理について間違いがないか検証することができます。

　税率（税額）差異発生要因を正しく抽出・集計し，これを法定実効税率（法人税等負担額理論値）に加算したものが法人税等負担率（法人税等負担額）と乖離している場合には，税効果会計の処理がどこかで間違っている可能性があるわけです。

　したがって，財務諸表作成者から見た場合，税率（税額）差異分析は，税効果会計の検算機能としての役割を有します。

⑵　財務諸表作成者にとっての役割・必要性―開示義務

　金融商品取引法に基づく財務諸表・連結財務諸表を作成する場合は，法定実効税率と税効果会計適用後の法人税等負担率の間に差異（税率差異）があるときは当該差異の原因となった主な項目の内訳を注記することが求められています（「財務諸表の用語，様式及び作成方法に関する規則」8の12，「連結財務諸表の用語，様式及び作成方法に関する規則」15の5）。

　ただし，税率差異が法定実効率の5％以下であるときは注記を省略することができるとされています。そして，この注記作成作業は時として，非常に手間のかかる手続となることがあります。

図表Ⅰ−1−10	法定実効税率と税効果会計適用後の法人税等負担率との間に重要な差異があるときの，当該差異の原因となった主要な項目別の内訳の注記例

	当事業年度 （2022年 3 月31日）
法定実効税率	30.1％
（調整）	
交際費等永久に損金に算入されない項目	0.0
受取配当金等永久に益金に算入されない項目	△ 10.9
外国源泉税	1.8
試験研究費税額控除	△ 2.8
外国税額控除	△ 0.5
評価性引当額	4.5
その他	△ 0.2
税効果会計適用後の法人税等負担率	22.0

不明差異が詰められない…

(3)　監査人にとっての役割・必要性—チェック機能

　監査人から見た場合，税効果会計の処理が適正に行われているかを検証するうえで，税率差異の分析的検討等を行うことが考えられます。監査は必ずしも精査を行うわけではありませんので，税率差異を分析し，合理的な説明がつくかを確かめる手続等を行うことが考えられます。

⑷　投資家にとっての役割・必要性—経営分析ツール

　投資家から見た場合，税率差異の内容が開示されていることは，その会社の税負担の傾向を知るうえで有用です。たとえば，法人税等負担率が90％の会社があったとします。この情報だけでは，この会社がなぜこのような高い税負担をしているのかわかりませんし，また，今後もこのような高率の税負担の傾向が続くのかも予測できません。

　しかしながら，法定実効税率30％と法人税等負担率90％の差異60％が生じた原因が，たとえば業績の急激な悪化に伴う繰延税金資産に係る評価性引当額の積増し（全額計上）であったのであれば，これは当期のみの現象である可能性もあると判断されるでしょう。

　一方で，税率差異55％の発生原因が交際費の損金不算入等の永久差異項目であって，過去も同様の傾向があるのであれば，今後もこの傾向が続く可能性があると判断できるでしょう。これらの傾向は複数年度の税率差異内訳を分析することにより把握することができます。

　また，有価証券報告書には繰延税金資産・負債の発生原因別の内訳も開示されているため，この情報と税率差異内訳を併せて利用することにより，より詳細な分析が可能となります。

　このように，税率差異の開示は投資家にとっても有用な情報となります。

　図表Ⅰ－1－11に有価証券報告書における繰延税金資産・負債および税率差異の注記例とそこから読み取れる情報を記載しました。

図表Ⅰ－1－11　有価証券報告書の注記例

（損益計算書末尾）

（単位：百万円）

	X1年3月期	X2年3月期
税引前当期純利益	4,557	4,967
法人税，住民税及び事業税	1,006	1,046
法人税等調整額	△ 210	△ 337
法人税等合計	795	709
当期純利益	3,762	4,257

（税効果会計関係の注記）

1．繰延税金資産及び繰延税金負債の発生の主な原因別の内訳

	X1年3月期	X2年3月期
繰延税金資産小計	2,556	2,949
評価性引当額	△ 944	△ 1,000
（繰延税金資産合計）	1,612	1,949
（繰延税金負債合計）	△ 2,035	△ 1,849
繰延税金資産（負債）の純額	△ 423	99

2．法定実効税率と税効果会計適用後の法人税等の負担率との差異の原因となった主な項目別の内訳

（%）

	X1年3月期	X2年3月期	
法定実効税率	30.6	30.6	
（調整）			
交際費等永久に損金に算入されない項目	0.9	0.9	④
受取配当金等永久に益金に算入されない項目	△ 9.4	△ 7.1	②
住民税均等割	0.6	0.6	⑤
評価性引当額の増減	0.9	1.1	⑥
法人税額の特別控除額	△ 5.4	△ 8.4	③
抱合せ株式消滅差益	－	△ 2.6	⑦
その他	△ 0.6	△ 0.8	
税効果会計適用後の法人税等の負担率	17.5	14.3	①

（A社　有価証券報告書より一部修正・抜粋）

【上記より読み取れる情報】

① 法人税等負担率は法定実効税率より低く，法人税等負担率と法定実効税率の差異（税率差異）は，X1期：13.1%（30.6％－17.5％），X2期：16.3%（30.6％－14.3％）である。

② 法人税等負担率を引き下げている主な要因の1つは「受取配当金等永久に益金に算入されない項目」である。X2年3月期の当該項目に係る税率差異7.1%から逆算すると，受取配当等に係る益金不算入額（加算流出）は1,152百万円程度であると推測される^(※)。

（※）　計算式：税率差異7.1%×税引前当期純利益の額4,967百万円÷法定実効税率30.6%＝1,152百万円

　仮に，上記税率差異がすべて受取配当に起因するものとした場合，損益計算書に計上されている受取利息配当金額は1,426百万円であることから，受取配当金額の多くが100%益金不算入措置が適用できる完全子法人株式・関係法人株式からの配当^(注1)あるいは95%が益金不算入となる外国子会社配当^(注2)であろうと推測される^(注3)。

③ 法人税等負担率を引き下げているもう1つの主な要因は「法人税額の特別控除額」である。X2年3月期の当該項目に係る税率差異8.4%から逆算すると，当該税額控除額による法人税等負担額の減少額は417百万円として計算される（8.4%×税引前当期純利益4,967百万円＝417百万円）。仮に，法人税の税額控除が住民税の計算においては足し戻されるタイプの税額控除（つまり地方法人税にのみ影響）である場合は，法人税申告上控除されている金額は378百万円と推定される（417百万円÷110.3%）。

④ 「交際費等永久に損金に算入されない項目」から逆算される，各年の交際費支出額はそれぞれX1年3月期は134百万円，X2年3月期は146百万円程度と推測され，両年度の金額が同等であることから，経常的にこの程度の金額の交際費の支出がなされていることが推測される（長い期間の分析を行えば，より正確な傾向分析が可能とな

　る）。

⑤　「住民税均等割」から逆算される住民税均等割の年額は，X1年3月期27百万円，X2年3月期30百万円である。貸借対照表上の資本金・資本剰余金の合計額から，均等割の区分は「50億円以上」の区分が適用されると推測される。均等割額は事業所の所在する都道府県・市町村によって多少異なるが，例えば東京都における資本金等の額50億円以上の法人の均等割額は3.8百万円または1.2百万円で^(注4)あることから，会社の事業所数は数十カ所であろうこと（換言すれば全国津々浦々の市町村に営業所があるわけではない）が推測できる。

⑥　法人税負担率を引き下げているもう1つの主な要因は，評価性引当額の減少である。「評価性引当額の増減」から逆算される，評価性引当額の増減額はX2年3月期55百万円であり，この点，繰延税金資産の明細における評価性引当額のX2年3月期残高とX1年3月期残高の差額56百万円とおおむね一致する。

⑦　「抱合せ株式消滅差益」から，子会社との合併が行われたものと推測され，その抱合せ消滅差益の額は422百万円と逆算できる。そこで，注記を確認すると，100%子会社との合併につき記述があり，また，損益計算書上も抱合せ株式消滅差益が420百万円確認できる。

（注1）完全子法人株式の配当については全額益金不算入，関係法人株式の配当については，配当金額から負債利子等の額を控除した残額の100%を益金不算入。

（注2）損金不算入となる外国子会社配当につき現地で課された源泉税がある場合，当該源泉税は損金不算入となる（＝税率差異要因となる）。税率差異内訳に外国源泉税の記載がないことから，益金不算入となる配当の大部分は国内配当，あるいは，現地で源泉税が課されない外国子会社配当であると推測される。

（注3）税務上は受取配当金に該当するが，会計上は受取配当の額にて処理されない金額が多額にあった場合は，この推測は適正性を失うこととなる点，留意されたい。

（注4）従業員50人超→3.8百万円，従業者50人以下→1.2百万円（都道府県・市町村分の合計額。）

まとめ ···

　第1章では，税率（税額）差異の意味，差異が発生するしくみ，および税率（税額）差異分析の役割・必要性について説明しました。

☑　税率差異とは，法人税等負担率と法定実効税率との差を意味する。

☑　税額差異とは，法人税等負担額と法人税等負担額の理論値との差額を意味する。

☑　税率（税額）差異はさまざまな要因によって発生する。

☑　税率（税額）差異分析を行うことにより税効果会計の検算ができる。

☑　有価証券報告書において開示された税率差異の発生原因項目から，さまざまな情報を読み取ることができる。

　第2章においては税率（税額）差異分析の手続について具体的数値例を用いながら説明を行います。

第2章

税率（税額）差異分析の方法

☝この章の目標
- 税率（税額）差異分析の基本的な手続を理解する。

　第1章では税率差異とは何かということを解説しました。いよいよ第2章では差異分析の具体的な手続について説明します。

　一般に「税率差異」という用語がメジャーではありますが，損益計算書の税引前当期純利益と法人税等負担額の関係を分析する手法としては，「税率」をベースとする方法と「税額」をベースとする方法があります。

　日本の有価証券報告書上は税率をベースとした差異分析を開示することとなっていますが，IFRSでは税額をベースとした差異分析と税率をベースとした差異分析のいずれか，または両方を開示することとなっています（IAS第12号81(c)）。

　本章では，税率ベースと税額ベースの両方の手法による差異分析の具体的な手続を解説します。まず「1　税率（税額）差異分析手続」において税率（税額）差異分析手続の概要を説明し，「2　数値例による差異分析の流れ」においてシンプルな事例により税率（税額）差異分析の手続を説明します。

1 税率（税額）差異分析手続

税率（税額）差異分析手続はおよそ以下のような流れで行います。

図表 I − 2 − 1 税率（税額）差異分析の手続

事前準備

- 税効果会計を適用した損益計算書作成
- 関連資料の準備

STEP1 税率（税額）差異の集計

税率（税額）差異要因を集計

差異要因が法人税等負担率（法人税等負担額）に与える影響を計算

上記の税率（税額）差異を集計 ➡ 理論上の税率（税額）差異

STEP2 あるべき法人税等負担率（あるべき法人税等負担額）の計算

上記で算出された税率（税額）差異に法定実効税率（理論上の法人税額）を加算 ➡ あるべき法人税等負担率（あるべき法人税等負担額）の算出

STEP3 検証

あるべき法人税等負担率（あるべき法人税等負担額）と損益計算書上の法人税等負担率（法人税等負担額）が一致していることの確認

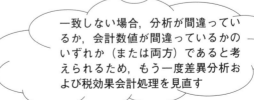

一致しない場合，分析が間違っているか，会計数値が間違っているかのいずれか（または両方）であると考えられるため，もう一度差異分析および税効果会計処理を見直す

* カッコ内＝税額ベースによるアプローチ（税額差異分析）

2　数値例による差異分析の流れ

　実際の数値の流れを見たほうが理解しやすいと思いますので，以下に簡単な数値例に基づいて税率（税額）差異分析を行います。

　既述のとおり，差異分析には，税額を基礎とする手法と税率を基礎とする手法がありますが，まずは税額ベースによる差異分析手続を説明し，その次に税率ベースによる差異分析手続を説明します。両者の説明に用いる前提条件は同じものとします。

(1)　前提条件

　　①　当期課税所得計算

税引前当期純利益		10,000
税務調整	有価証券評価損	700
	損金不算入交際費	2,000
	損金不算入役員報酬	500
	受取配当益金不算入	△ 1,000
課税所得（A）		12,200

　　②　法定実効税率30.62%

　　③　税効果会計適用後の損益計算書（一部抜粋）

税引前当期純利益		10,000
法人税等	4,177	
法人税等調整額	144	4,322
当期純利益		5,678

　　④　法人税等に含まれる住民税均等割300

　　⑤　当期評価性引当額の増加額500

(2)　税額ベースによる差異分析

まず，税額ベースによる差異分析の手続について説明します。

事前準備

税効果会計の仕訳が計上され，損益計算書が作成されたところで，税率（税額）差異分析の作業が開始できます。

一般的に，作業にあたっては以下の資料が必要です。

① 　損益計算書

② 　法人税等，法人税等調整額の勘定の動きを示す資料

③ 　課税所得および法人税等の額の計算資料

④ 　繰延税金資産・負債の算出資料

Step 1 　税額差異の集計

まず，差異要因を網羅的に把握します。本数値例では永久差異（流出項目）である損金不算入交際費・役員報酬，受取配当益金不算入，および住民税均等割，評価性引当額の増減がこれに該当します（差異要因を網羅的に把握する方法については，次章にて説明します）。

次に，差異要因項目から発生する税額への影響額を集計します。この際，損金不算入交際費等・役員報酬，受取配当益金不算入額などのような永久差異項目 [注] については，課税所得計算上加算（減算）された金額に法定実効税率を乗じたものが法人税等負担額への影響となります。

一方，住民税均等割はその税額がそのまま法人税等負担額への影響となります。評価性引当額の増減額についても同様です。

（注）当期課税所得の計算上加算（減算）された後に将来減算（加算）されることのない項目。

図表Ⅰ-2-2　差異発生要因による法人税等負担額への影響額（税額差異）集計

	課税所得計算上加算（減算）された額（A）	法人税等負担額への影響（B）＝（A）×法定実効税率
損金不算入交際費	2,000	612
損金不算入役員報酬	500	153
受取配当益金不算入	△1,000	△306
住民税均等割		300
繰延税金資産に係る評価性引当額増加		500
計		1,259

Step2　あるべき法人税等負担額の計算

　税引前当期純利益に法定実効税率を乗じて得られる金額に，Step 1 で算出された金額を加算し，あるべき法人税等負担額を計算します

①	理論上の法人税額：税引前当期純利益（10,000）×法定実効税率（30.62%）	3,062
②	差異要因による法人税等負担額への影響額（Step 1 より）	1,259
③	あるべき法人税等負担額	4,322

Step3　検証

　Step 2 で計算されたあるべき法人税等負担額と損益計算書上の法人税等負担額が一致していることを確認します。

①	損益計算書上の法人税等負担額	4,322
②	あるべき法人税等負担額（Step 2 より）	4,322
③	①－②	0

➡一致

　この数値例ではあるべき法人税等負担額と損益計算書上の法人税等負担額が一致しましたが，一定以上^(注)の差額が発生した場合には，次の

いずれかであると考えられます。

> - 差異要因の集計が正しくない（➡差異分析が正しくない）
> - 税効果会計の仕訳処理が正しくない（➡損益計算書上の法人税
>   等調整額の額が正しくない）

したがって，このような場合には差異要因の集計および税効果会計の
仕訳処理をもう一度見直す必要があります。

（注）　以下の理由によりあるべき法人税等負担額と損益計算書上の法人税等負担
額が完全に一致することはむしろまれで，少額の差が発生することが一般的
です（以下の要素を税額差異要因として別途把握しない前提）。
- 税額計算過程において端数処理が行われる（例：課税標準算定の際千円
未満は切り捨てられる）。
- 法定実効税率算定の際，小数点未満第1位あるいは第2位未満の端数を
四捨五入することが多い。

(3)　税率ベースによる差異分析

次に，税率ベースによる差異分析の手続について説明します。基本的
な手法は税額ベースによる差異分析と同様です。「税額」ではなく「税
率」に着目する点が異なります。

事前準備

必要な資料は税額ベースによる差異分析の場合と同様です。「(2)　税
額ベースによる差異分析」の「事前準備」をご覧ください

Step 1　税率差異の集計

まず，差異要因項目を網羅的に把握します。これについては「(2)　税
額ベースによる差異分析」のStep1をご参照ください。

次に差異要因項目から発生する法人税等負担率への影響を集計します。
これは「(2)　税額ベースによる差異分析」のStep2で示した「差異要因

による法人税等負担額への影響額」を税引前当期純利益で除したものと
なります。

その結果，図表Ⅰ－2－3のような集計表が作成されます。

| 図表Ⅰ－2－3 | 差異発生要因による法人税等負担率への影響（税率差異）集計 |

	課税所得計算上加算（減算）された額（A）	法人税等負担額への影響（B）＝（A）×法定実効税率	法人税等負担率への影響（C）＝（B）÷税引前当期純利益
損金不算入交際費	2,000	612	6.12%
損金不算入役員報酬	500	153	1.53%
受取配当益金不算入	△1,000	△306	△3.06%
住民税均等割		300	3.00%
繰延税金資産に係る評価性引当金増加		500	5.00%
計		1,259	12.59%

これらの列は税額差異分析と同じ　　　　　税率差異分析において追加される列

Step2　あるべき法人税等負担率の計算

法定実効税率にStep 1で算出された，「差異要因による法人税等負担
率への影響」の合計を加算，あるべき法人税等負担率を計算します。

①	法定実効税率	30.62%
②	税率差異	12.59%
③	あるべき法人税等負担率	43.22%

Step3　検証

Step 2で計算されたあるべき法人税等負担率と損益計算書上の法人
税等負担率が一致していることを確認します。

①	損益計算書上の法人税等負担率 法人税等負担額（4,899）÷税引前当期純利益（10,000）	43.22%
②	あるべき法人税等負担率（Step 2 より）	43.22%
③	①－②	0.00%

➡ 一致

　この数値例では，あるべき法人税等負担率と損益計算書上の法人税等負担率が一致しましたが，税額差異分析の場合と同様，一定以上の差異が発生した場合には，次のいずれかであると考えられます。

- 差異要因の集計が正しくない（➡差異分析が正しくない）
- 税効果会計の仕訳処理が正しくない（➡損益計算書上の法人税等調整額の額の数値が正しくない）

　したがって，このような場合には差異要因の集計および税効果会計の仕訳処理をもう一度見直す必要があります。

3　税率（税額）差異分析ワークシートの記載例

　図表 I － 2 － 4 に上記 2 で説明した税率差異分析のワークシート記載例を示します。この記載例では差異要因の数は 5 個ですが，実務ではこれが10個，20個となることも珍しくありません。したがって，この差異要因をいかに適切に把握するかが重要となります。

図表Ⅰ－2－4　税率ベースによる差異分析ワークシート例

税効果会計上採用した
法定実効税率を記入

(ⅰ)　法定実効税率　　　　　　　　　　　　　　30.62%◀

(ⅱ)　差異要因集計

	課税所得計算上加算（減算）された額（A）	法人税等負担額への影響(B)＝(A)×法定実効税率	法人税等負担率への影響(C)＝(B)÷税引前当期純利益
損金不算入交際費	2,000	612	6.12%
損金不算入役員報酬	500	153	1.53%
受取配当益金不算入	△1,000	△306	△3.06%
住民税均等割		300	3.00%
繰延税金資産に係る評価性引当額増加		500	5.00%
計		1,259	12.59%

(ⅲ)　あるべき法人税等負担率 ((ⅰ)+(ⅱ))　　　　43.22%

(ⅳ)　損益計算書上の法人税等負担率　　　　　　43.22%

(ⅴ)　(ⅳ)－(ⅲ)　　　　　　　　　　　　　　　0.00%

➡ **法人税等負担額は適正に計上されている**

差異要因集計シート
課税所得計算上加算（減算）された後に将来減算（加算）されることがない項目は(A)欄に記入し，(A)に法定実効税率を乗ずることにより法人税等負担額への影響額を計算。上記以外については法人税等負担額への影響額を計算の上，(B)欄に記入。

差異要因項目が多ければ多いほど煩雑になる。

まとめ ···

　第2章では税率（税額）差異分析の手続の流れを説明しました。税率（税額）差異を集計，あるべき法人税等負担率（額）を計算し，それと実際の法人税等負担率（額）を比較するというものでした。

　この手続の中で重要なポイントは，差異要因を①**漏れなく把握**し，法人税等負担率（負担額）への影響を②**正確に計算**することです。

　では，どうすれば差異要因を漏れなく把握し，法人税等負担率（負担額）への影響を正確に計算することができるのでしょうか？

　差異要因を**漏れなく把握**するには，税効果会計のしくみを踏まえたうえで差異を発生させる要因をピックアップしていく必要があります。この具体的方法については第3章にて説明します。

　また，税率（税額）差異要因による影響を**正確に計算**するには，これらの差異要因によって税率（税額）差異が生じるしくみを理解していることが重要です。各種差異要因によって税率（税額）差異が生じるしくみについては，第4章に項目別に解説しましたので，そちらをご参照ください。

ポイント
・漏れなく把握
・正確に計算

第3章

税率（税額）差異要因を漏れなく把握するには

1　税率（税額）差異要因の把握方法

　第2章「まとめ」で，税率（税額）差異分析においては税率（税額）差異要因を，①漏れなく把握し，②正確に計算することが重要であると述べました。

　では，税率（税額）差異要因を漏れなく把握するにはどうしたらよいのでしょうか？

　実際，税率（税額）差異分析の実務において損益計算書上の税率（税額）差異とあるべき税率（税額）差異が一致しない場合，税率（税額）差異要因の把握漏れが原因であることも多いようです。

　税率（税額）差異要因を漏れなく把握するためのアプローチとしては，法人税等負担額に相当するものとして損益計算書に計上されている金額を分解して差異要因を把握していくという方法が考えられます。

　以下に，法人税等勘定，法人税等調整額勘定に計上される金額のうち税率（税額）差異要因となるものについて説明します。

2　法人税等負担額のうち税率（税額）差異となる部分

(1)　法人税等

①　当期法人税等

　会計と税務での損益の帰属期間の相違（いわゆる「期ズレ」）に関しては，税効果会計が適用されることにより法人税等負担額の期間帰属が適正化されるため，税率（税額）差異要因とはなりません。

　一方，課税所得の計算上加算（減算）された後，将来減算（加算）されることのないものは税率（税額）差異要因となります。

　このほか，当期法人税等の額のうち，以下の計算式を満たさない部分は税率（税額）差異要因となります。

> 当期発生の法人税等の額
> 　＝（税引前当期純利益±一時差異等）×法定実効税率
　　　…　**算式A**

　採用されている法定実効税率の基礎となった税率と異なる税率が課税標準の一部（または全部）に適用された場合にも，税率（税額）差異が発生します。また，課税標準に税率を乗じて計算された金額から控除される金額（税額控除）や，課税標準に税率を乗じた金額に追加して課される税額（住民税均等割額）も税率（税額）差異の発生要因となります。

　これらを法人税等の税額算出式に当てはめて整理すると，図表Ⅰ－3－1のようになります。

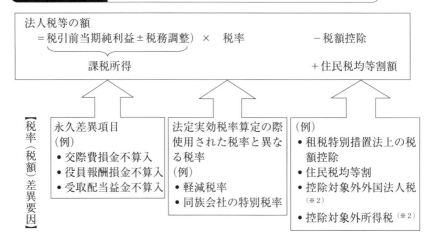

図表Ⅰ−3−1　法人税等の税額算出過程と税率（税額）差異[※1]

（※1）実際の税額計算過程では，法人税・地方法人税・住民税・事業税のそれぞれ税目ごとに課税標準を計算して税額を計算しますが，ここでは概念的に示すため，1本の計算式にて記載しています。法人税・地方法人税・住民税・事業税の税額計算構造については巻末の参考2を参照。

（※2）外国法人税と源泉所得税については，納付した金額が全額控除できれば税率（税額）差異は発生しません。控除しきれなかった場合や，損金算入方式を採用した場合に税率（税額）差異要因となります。このあたりのしくみは非常に複雑ですので，外国法人税と源泉所得税がある場合にはいったん税率（税額）差異分析の検討対象に含めておくほうがよいでしょう。

②　法人税等に計上される当期法人税等以外の項目

　上記①では法人税等勘定に計上される当期発生法人税等について説明しました。

　しかしながら「法人税等」に計上される金額は，必ずしも当期発生の法人税額（実額）だけではありません。延滞税や過年度法人税なども「法人税等」に計上されることがあります。

　こういった項目は，税引前当期純利益とは連動しませんので，税率（税額）差異要因となります。

(2)　法人税等調整額

　法人税等調整額に計上された金額のうち，一時差異等の当期発生（解消）に対応する金額以外はすべて税率（税額）差異要因となります^(注)。

<small>（注）一時差異等の発生および解消に伴う法人税等調整額の計上により法人税等負担額の期間帰属は適正化されるため，これにより税率（税額）差異が発生するということはありません。</small>

　繰延税金資産に対する評価性引当額の増減額に対応する法人税等調整額や，繰越欠損金の期限切れによる一時差異等減少に対応する法人税等調整額などがこれに当たります。

図表Ⅰ－3－2　［例1］評価性引当額計上による税率（税額）差異の発生（再掲）

（前提条件）
- 法定実効税率30%
- 当期法人税申告調整項目なし⇒評価性引当額積増し以外の要因による法人税等調整額の計上なし（未払事業税に係る税効果は捨象，課税標準×法定実効税率＝法人税等としている）
- 【評価性引当額計上後】では，前期以前に計上された繰延税金資産100について回収が見込まれなくなったため，以下の仕訳を計上している。

法人税等調整額　100　／　繰延税金資産　100

【評価性引当額計上前】

税引前当期純利益	1,000	（A）
法人税等の額	300	
法人税等調整額	0	300 （B）
当期純利益	700	
法人税等負担率(B)/(A)	30%	（C）
法定実効税率	30%	（D）
税率差異(C)－(D)	0%	

【評価性引当額計上後】

税引前当期純利益	1,000	（A）
法人税等の額	300	
法人税等調整額	100	400 （B）
当期純利益	600	
法人税等負担率(B)/(A)	40%	（C）
法定実効税率	30%	（D）
税率差異(C)－(D)	10%	

評価性引当額の計上により税率差異が発生

図表Ⅰ-3-3 ［例2］欠損金期限切れによる税率（税額）差異の発生

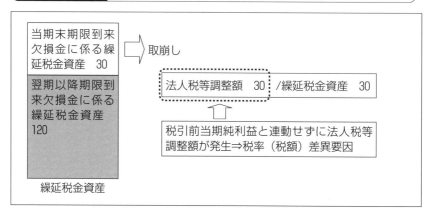

(3) 法人税等負担額のうち税率（税額）差異要因となる部分のまとめ

法人税等負担額のうち税率（税額）差異要因となる部分を勘定科目別にまとめると，以下のようになります。

図表Ⅰ-3-4 法人税等負担額のうち税率（税額）差異要因となる部分

（太枠以外の部分が差異要因となる）

勘定科目	内　　容		差異要因の例	本文該当箇所
法人税等	当期発生法人税等の額（実額）	算式A[※1]を満たす部分		
		上記以外	• 交際費損金不算入，受取配当益金不算入等の永久差異項目 • 同族会社の特別税率 • 試験研究費税額控除 • 住民税均等割	(1)①
	上記以外		• 過年度法人税 • 延滞税・加算税	(1)②

法人税等調整額	当期発生(解消)一時差異^(※2)等対応分		
	上記以外	• 評価性引当額の増減に対応する法人税等調整額 • 欠損金期限切れに対応する法人税等調整額 • 外国税額控除限度超過額期限切れに対応する法人税等調整額 • 税務上の損益を伴わない子会社株式帳簿価額の増減(寄附修正,子会社簿価減額特例,投資簿価修正)等に対応して認識した税効果に係る法人税等調整額	(2)

(※1) 算式A：当期発生の法人税等の額＝（税引前当期純利益±一時差異等）×法定実効税率

(※2) 「当期解消一時差異等」とは，法人税申告上減算留保された一時差異および当期使用された繰越欠損金・外国税額控除限度超過額を指す。期限切れの繰越欠損金，期限切れの外国税額控除限度超過額は含まれない。

3　税率（税額）差異要因把握のための作業

　税率（税額）差異要因は①勘定科目を分析すること，②当期発生法人税額を分析することにより把握することができます。具体的には以下の作業を実施します。

【税率（税額）差異要因把握作業】

　(i)　当期発生法人税額の計算過程を検証し，算式Aを満たさない要因とその金額を把握する（上記2(1)①の把握）。

　(ii)　「法人税等勘定」「法人税等調整額勘定」の勘定科目分析を行い，当期発生法人税額以外のものの内容と金額を把握する（上記2

(1)②の把握)。

(ⅲ) 一時差異等および繰延税金資産の計算シートを分析し，法人税等調整額の勘定を確認することにより，一時差異等の発生（解消）に対応しない法人税等調整額を把握する（上記2(2)の把握）。

まとめ

第3章では，税率（税額）差異要因を漏れなく把握する方法について解説しました。ここで把握された差異要因から発生する税率（税額）差異の数値を計算するためには，各項目の税率（税額）差異発生のしくみを理解する必要があります。また，上述(ⅰ)の税率（税額）差異要因を把握する作業においても，税率差異項目に対する理解が必要となります。

第4章においては，差異要因となる項目別に，①その内容，②差異の発生するしくみ，③税率（税額）差異を把握・計算する方法を解説します。

漏れなく把握するのが
大変そうだニャ

第4章

差異要因の項目別解説

☝**この章の目標**

- 税率（税額）差異要因となる項目ごとに税率差異が発生するしくみを
理解する。

　第2章で述べたとおり，税率（税額）差異分析を行うにあたっては，税率（税額）差異を適正に集計することが必須となります。そのためには税率（税額）差異要因を確実に把握し，税率（税額）差異を正しく計算する必要があります。

　これらの作業には，差異要因ごとに①その内容，②税率（税額）差異が発生するしくみ，③税率（税額）差異分析に必要な数値を把握する方法を理解しておくことが大切です。

　本章においてはこれらの税率（税額）差異要因について，以下の内容を解説します。

- （項目ごとの）概要
- 税率（税額）差異が発生するしくみ
- どこで数値を把握するか（＝税率（税額）差異分析に必要な数値を把握する方法）

　できる限り広い範囲の項目を網羅するようにしましたので，会社によっては発生することがない項目も含まれていると思います。したがって，自分の会社に関係がないと思われる項目は読み飛ばしていただいて構いません。

　また，実務上登場する頻度の目安として星マークをつけましたので，読む項目を選ぶ場合の参考にしてください。

▶登場頻度マーク

> ★★★：非常に多くのケースで登場
> ★★　：ある程度の頻度で登場
> ★　　：登場するケースは限定的

各項目の説明にあたっての留意事項

1　項目ごとの「概要」

　基本的に，法人税法上の取扱いを記載しています。地方法人税・住民税・事業税は法人税法上の取扱いと原則として連動していますが，連動しないケースについては別途記載してあります。

2　「税率（税額）差異が発生するしくみ」

　税率（税額）差異が発生するしくみは，法人税・地方法人税・住民税・事業税の基本的な計算構造を理解しているという前提で記載してあります。これら計算構造については，ごく概略ではありますが，巻末の「参考2　法人税・地方法人税・住民税・事業税の計算構造」に記載してありますので，必要に応じて参照してください。

3　「どこで数値を把握するか」について

　税率（税額）差異分析を行う時点において，税額計算は完了していても法人税申告書（別表を含む）は完成していないケースも多いと思いま

す。その場合，必然的に当期の法人税等納税額を算出の際に作成した各種ワークシートをベースに税率（税額）差異分析を行うことになります。

　しかしながら，このワークシートの形式は会社によりさまざまですので，本書において数値のありかを説明する際に「○○シートの×列目にある数値」といった形で記述することができません。

　このため，本書では課税所得の計算については『別表四「所得の金額の計算に関する明細書』（以下「別表四」と記載します），税務上の利益積立金の明細については『別表五（一）「利益積立金額及び資本金等の額の計算に関する明細書』（以下「別表五（一）」と記載します）というように，**法人税申告書が作成されていれば記載されるであろう別表名を利用して**説明することとします。

　したがって，法人税申告書あるいは地方税申告書の様式名が，会社で作成しているどのワークシートに該当するかを確認しながら利用してください。

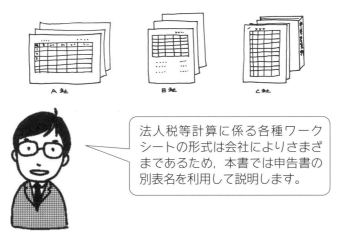

法人税等計算に係る各種ワークシートの形式は会社によりさまざまであるため，本書では申告書の別表名を利用して説明します。

図表Ⅰ－4－1　主な税率（税額）差異要因

法人税等の額			第4章での記載場所
法人税等の額			
	1．永久差異項目（課税所得の計算上加算（減算）された後に減算（加算）されることのない項目）	交際費損金不算入	1－1
		寄附金損金不算入	1－1
		役員給与,役員退職給与損金不算入	1－2
		受取配当益金不算入	1－3
		外国子会社配当益金不算入	1－4
		完全支配関係者間の寄附金・受贈益	1－5
		過少資本税制（国外支配株主等に係る負債利子の課税の特例）	1－6
		過大支払利子税制	1－7
		未確定債務として否認されたもののうち,将来減算（留保）時に加算（流出）処理されるもの（役員賞与引当金等）	1－8
		株式の発行法人への譲渡（完全支配関係者間）	1－9
		のれん償却費	1－10
		抱合せ株式消滅差損益	1－11
		特定外国子会社の所得の合算課税（タックスヘイブン対策税制）	1－12
		合算課税済利益配当の益金不算入	1－13
		損金算入外国法人税	3－4, 3－7 (※)
	2．採用した法定実効税率と当該所得に課される税率との差異によるもの	中小法人等に係る軽減税率	2－1
		特定同族会社の特別税率	2－2
		国外支店に帰属する所得	2－3
	3．課税所得と直接連動せず税額を増加／減少させる項目	租税特別措置法上の税額控除（試験研究費の特別控除など）	3－1
		住民税均等割	3－2
		控除対象外所得税	3－3
		控除対象外外国税額	3－4, 3－5

4．当期発生法人税等の額以外		
	会計上計上した未払法人税等の額と実際納付額の差異	4－1
	過年度法人税，延滞税，加算税等	4－1
5．法人税等調整額		
	評価性引当額の増減	5－1
	外国法人税控除限度超過額の期限切れ	3－4，3－6^(※)
	繰越欠損金の期限切れ	5－2
	税率変更による繰延税金資産取崩し（積増し）	5－3
	寄附修正	5－4
	子会社株式簿価減額特例	5－5

（※）外国法人税に関連する税率（税額）差異については，3－4～3－7にまとめて記載。

1　永久差異項目（課税所得の計算上加算（減算）された後に減算（加算）されることのない項目）

1－1　交際費・寄附金　　頻度：★★★

① 概　要

i) 交際費

　法人税法上，「交際費等」に該当する金額は，一部あるいは全額が損金の額に算入されません。この「交際費等」とは，必ずしも会計上交際費として処理したものに限らず，法人税法上の「交際費」の概念に該当するものを指します。

ii) 寄附金

　法人税法上，「寄附金」に該当する金額は，一部あるいは全額が損金の額に算入されません（完全支配関係者間寄附金・受贈益については1－5参照）。

| 関連条文 | 措法61の4，法法37，措法66の4③ |

②　税率（税額）差異が生じるしくみ

　交際費・寄附金の損金不算入額は，課税所得計算上加算され当期の法人税等を増加させます。これらは，いわゆる「期ズレ」項目と異なり将来の課税所得を減少させる効果はありません。このため将来減算一時差異のように繰延税金資産／法人税等調整額が計上されることはありません。したがって，当期の法人税等負担率を押し上げる要因となります。

③　どこで数値を把握するか

　損金不算入交際費の額，損金不算入寄附金の額ともに，別表四上，加算・社外流出処理されます。したがって，別表四において加算・社外流出処理された金額を確認することにより，これらの数値を把握すること

| 図表Ⅰ－4－2 | 交際費損金不算入額による税率差異発生例 |

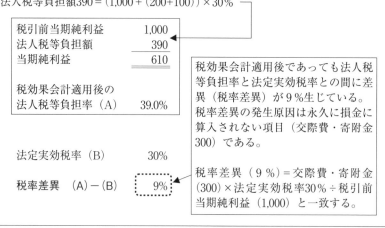

（前提条件）
- 税引前当期純利益1,000
- 税務調整項目　交際費損金不算入200，寄附金損金不算入100
- 法定実効税率30％
- 法人税等負担額390＝(1,000＋(200＋100))×30％

税引前当期純利益	1,000
法人税等負担額	390
当期純利益	610
税効果会計適用後の法人税等負担率（A）	39.0％
法定実効税率（B）	30％
税率差異　（A）－（B）	9％

税効果会計適用後であっても法人税等負担率と法定実効税率との間に差異（税率差異）が9％生じている。税率差異の発生原因は永久に損金に算入されない項目（交際費・寄附金300）である。

税率差異（9％）＝交際費・寄附金(300)×法定実効税率30％÷税引前当期純利益(1,000)と一致する。

ができます^(注)。

> （注）別表加算される金額の計算明細は別表十四（二）「寄附金の損金算入に関する
> 明細書」，別表十五「交際費等の損金算入に関する明細書」にて確認すること
> ができます。

　第2章で説明した税率差異分析ワークシートを作成する際には，この別表四において加算・流出処理された金額を「課税所得計算上加算された金額」欄に転記します。

図表I－4－3　税率差異分析ワークシートへの移記例

課税所得計算ワークシート（別表四相当）

区分		総額	処分	
			留保	社外流出
当期利益又は当期欠損の額		*XXXX*	*XXXX*	
加算	交際費等の損金不算入額	200		200
	寄附金の損金不算入額	100		100

税率差異分析ワークシート（一部抜粋）　移記

		課税所得計算上加算（減算）された額（A）	法人税等負担額への影響（B）＝（A）×法定実効税率	法人税等負担率への影響（C）＝（B）÷税引前当期純利益
永久差異（加算）	交際費	200	60	6%
	寄附金	100	30	3%

1-2　役員給与損金不算入　　　頻度：★★

① 概　要

　役員に対する給与（使用人部分給与を除く）については，一定の条件を満たすもの以外は，損金の額に算入できません（図表I－4－4参照）。典型的には，役員に対する業績連動型の報酬で業績連動給与の要件を満たさないものがこれに該当します。

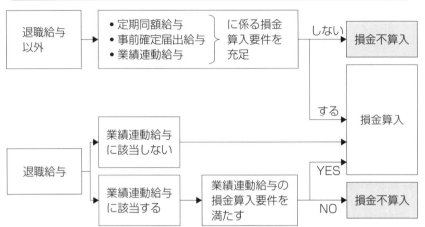

図表Ⅰ－４－４　役員給与の損金算入／不算入（概要）

＊　上記にかかわらず，不相当に高額な金額，仮装隠蔽により支給された金額は損金不算入。

　なお，役員賞与引当金等との関係については，後述１－８を参照ください。

関連条文　法法34

②　税率（税額）差異が生じるしくみ

　税率（税額）差異が生じるしくみは１－１「交際費・寄附金」の場合と同様です。課税所得計算上加算され，法人税等の額を増加させるものの，税効果が認識されず法人税等調整額が計上されないため，当期法人税等負担額が増加し，法人税等負担率が高くなるというものです。

③　どこで数値を把握するか

　役員給与の損金不算入額は別表四にて加算・社外流出処理されます。交際費・寄附金と異なり，損金不算入額を計算する別表はありません。
　別表四の加算・社外流出処理項目を確認することにより，役員給与損金不算入の有無および損金不算入額を把握することができます。
　税率差異分析作業上は別表四流出欄に記載された数値をもって第２章

で示した税率差異分析ワークシートに転記します。転記方法については本章1-1「交際費・寄附金」の転記例を参考にしてください。

1-3　受取配当益金不算入　　　頻度：★★★

①　概　要

　内国法人から剰余金の配当等を受けた場合，会計上その配当は収益認識されるものの，税務上はその一部または全部につき益金不算入とされます。

図表Ⅰ-4-5　受取配当に係る益金不算入額

株式等の区分	益金不算入額
完全子法人株式等 [※1]	受取配当額
関連法人株式等 [※1]	受取配当額-控除負債利子の額
その他の株式等	受取配当額×50%
非支配目的株式等 [※1]	受取配当額×20%

（※1）「完全子法人株式等」「関連法人株式等」「非支配目的株式等」ともに税務上の概念であり，会計上の「子会社」「関係会社」「売買目的有価証券」とはその範囲が異なります。
（※2）証券投資信託については，一定のものを除いてその全額が益金算入。

関連条文　法法23

②　税率（税額）差異が生じるしくみ

　受取配当益金不算入はいわゆる「永久差異」であり，当期減算された金額について将来加算されるということはありません。したがって，税効果は認識されず，当期の法人税等負担率を押し下げる要因となります。

③　どこで数値を把握するか

　内国法人からの受取配当のうち益金不算入とされる金額は，法人税申告書別表八（一）[(注)] にて計算された後，別表四に転記され，減算・社外

流出欄にて処理されます。

　したがって，別表四の減算・社外流出処理項目を確認することにより，受取配当益金不算入額を把握することができます。

　税率差異分析作業上は別表四に記載された数値をもって第2章で説明した税率差異分析ワークシート「課税所得計算上加算（減算）された

図表Ⅰ－4－6　税率差異分析シートへの転記例

課税所得計算シート

区分		総額	処分	
			留保	社外流出
当期利益又は当期欠損の額		XXXX	XXXX	
減算	受取配当等の益金不算入額	150		150
	外国子会社から受ける剰余金の配当等の益金不算入額	100		100

税率差異分析シート（一部抜粋）　　　　　　　　　　　転記

項目	課税所得計算上加算（減算）された額（A）	法人税等負担額への影響（B）＝（A）×法定実効税率	法人税等負担率への影響（C）＝（B）÷税引前当期純利益
受取配当等の益金不算入額	△150	△45	△4.5%
外国子会社配当益金不算入額	△100	△30	△3.0%

＊　法定実効税率＝30％，税引前当期純利益1,000として計算

会計上の配当の額＝受取配当の益金不算入額とは限らないので注意してください。

額」の欄に転記します。

　(注)　別表八(一)

「受取配当等の益金不算入に関する明細書」

1-4　外国子会社受取配当益金不算入　　頻度：★★

①　概　要

　内国法人が外国子会社から受ける配当等の額については，その95％相当額につき益金不算入となります。この「外国子会社」とは税務上の概念で，内国法人がその株式の25％以上を6カ月以上継続して保有する外国法人等を指します。会計上の「子会社」とはその範囲が異なりますので注意が必要です。

　また，外国子会社受取配当益金不算入規定が適用される配当等に対して課された外国源泉税等の額は，外国税額控除の対象とならず，損金の額にも算入されません。

関連条文 法法23の2・39の2，法令142の2

②　税率（税額）差異が生じるしくみ

　税率（税額）差異が生じるしくみは1-3「受取配当益金不算入」の場合と同様です。当期益金不算入として課税所得の計算上減算された金額について，将来取り戻される（加算される）ということがないため，税効果は認識されず，当期の法人税等負担率を押し下げます。

　なお，外国子会社受取配当益金不算入規定が適用される配当に対して課される外国源泉税等の額も税率（税額）差異発生要因となりますが，これについては本章3-5にて説明していますのでそちらを参照してください。

③　どこで数値を把握するか

　外国子会社受取配当益金不算入額は法人税申告書別表八(二)^(注)にて計算された後，別表四に転記され，**社外流出欄**にて**減算処理**されます。この際，別表四上は「外国子会社から受ける剰余金の配当等の益金不算入額」として内国法人からの受取配当等の益金不算入額とは別に表示されます。

　したがって，別表四において社外流出欄にて減算処理されている外国子会社から受ける剰余金の配当等の益金不算入額を確認することにより数値を把握することができます。

　税率（税額）差異分析作業上は別表四に記載された数値をもって，第2章で示した税率差異分析ワークシートの「課税所得計算上加算（減算）された額」欄に転記します。転記例については1－3「受取配当益金不算入」に一括して記載しましたのでそちらを参照してください。

（注）別表八(二)
「外国子会社から受ける配当等の益金不算入に関する明細書」

1－5　完全支配関係者間の寄附金・受贈益　頻度：★

①　概　要

　完全支配関係がある他の内国法人（法人による完全支配関係に限る）に対して支出した寄附金の額については，税務上その全額が損金の額に算入されません。同時に，寄附金を受け取った側においては受贈益についてその全額が益金の額に算入されません^(注1)。

（注1）寄附修正について：完全支配関係者間で寄附が行われた場合，寄附金を支払った法人，受け取った法人の株主の側において，これらの法人の株式の帳簿価額を修正する措置（寄附修正）がありますが，これについては5－4を参照してください。

関連条文　法法25の2・37②

②　税率（税額）差異が生じるしくみ

　税率（税額）差異が生じるしくみは1-1「交際費・寄附金」の損金不算入の場合と同様です。課税所得の計算上，損金不算入（益金不算入）とされ，法人税等の額を増加（減少）させるものの，一時差異に該当しないため税効果が認識されず，結果として法人税等負担率が高く（低く）なるというものです。

③　どこで数値を把握するか

　完全支配関係者に対する寄附金の損金不算入額・受贈益の益金不算入額は**別表四**にて**加算（減算）・社外流出処理**されます^(注2)。

（注2）完全支配関係者に対する寄附金の明細については別表十四（二）「寄附金の損金算入に関する明細書」に記載され，その他の寄附金，国外関連者寄附金の額と合算して別表四に転記されます。

　したがって，税率差異分析作業上は別表四において加算（減算）・社外流出処理された完全支配関係者間の寄附金・受贈益の額を把握し，これを第2章で示した税率差異分析ワークシートの「課税所得計算上加算（減算）された額」欄に転記します。

1-6　過少資本税制（国外支配株主等に係る負債利子の課税の特例）　頻度：★

①　概　要

　内国法人の国外支配株主等または資金供与者等の借入金が，これらの有する法人の自己資本持分の3倍を超える場合には，これらの国外支配株主等および資金供与者等に支払う負債の利子等の額のうち，その超過額に対応する部分の金額は損金の額に算入することができません（借入金の総額が自己資本持分の3倍を超えない場合を除く）。

関連条文 措法66の5

②　税率（税額）差異が生じるしくみ

税率（税額）差異が生じるしくみは1－1「交際費・寄附金」の損金不算入の場合と同様です。課税所得の計算上損金不算入とされ，法人税等の額を増加させるものの，一時差異に該当しないため税効果が認識されず，結果として法人税等負担率が高くなるというものです。

③　どこで数値を把握するか

過少資本税制による負債利子の損金不算入額は法人税申告書別表十七（一）(注)にて計算された後，**別表四**に転記され，**加算・社外流出処理**されます。

したがって，別表四において加算・社外流出処理されている「国外支配株主等に係る負債の利子等の損金不算入額」を確認することにより数値を把握することができます。

税率差異分析作業上は別表四に記載された数値をもって，第2章で示した税率差異分析ワークシートの「課税所得計算上加算（減算）された額」欄に転記します。

(注)　別表十七(一)
「国外支配株主等に係る負債の利子等の損金算入に関する明細書」

1－7　過大支払利子税制　　　　　　頻度：★

①　概　要

法人の各事業年度の「対象支払利子等の額」の合計額から「対象受取利子等の額」の合計額を控除した残額（対象純支払利子等の額）が，その法人の所得の金額に一定の調整を加えたもの（調整所得金額）の20％を超える場合には，その超える部分の金額は，その事業年度の損金の額に算入することができません。ここで，「対象支払利子等」とは法人が支払う利子のうち受取側において日本の法人税・所得税の課税の対象と

ならないもの等を指します。典型的な例としては，日本国内に恒久的施設を有しない親会社に対して支払う利子がこれに該当します。

　この損金不算入となった金額は，その後，翌事業年度以後7年間繰り越して一定の限度額まで損金算入することができます。

　なお，1－6の過小資本税制との競合が発生した場合には，いずれか多い金額が損金不算入となります。

> **関連条文** 措法66の5の2

②　税率（税額）差異が生じるしくみ

　税率（税額）差異が生じるしくみは1－1「交際費・寄附金」の損金不算入の場合と同様です。課税所得の計算上，損金不算入とされ，法人税等の額を増額させるものの，一時差異に該当しないものとして税効果が認識されない場合，結果として法人税等負担額が高く（低く）なるというものです。

③　どこで数値を把握するか

　過大支払利子税制による負債利子の損金不算入額は法人税申告書別表十七（二の二）^(注1) にて計算された後，別表四に転記され，加算・社外流出処理されます。一方，当期損金算入額は法人税法別表十七（二の三）^(注2) にて計算された後，別表四に転記され，減算・社外流出処理されます。

（注1）別表十七（二の二）
「対象純支払利子等の額の損金不算入に関する明細書」
（注2）別表十七（二の三）
「超過利子額の損金算入に関する明細書」

　したがって**別表四**において**加算（減算）流出処理**されている「対象純支払利子等の損金不算入額」「超過利子額の損金算入額」を確認することにより数値を把握することができます。

　税率差異分析上は，別表四に記載された数値をもって，第2章で示し

た税率差異分析ワークシートの「課税所得計算上加算（減算）された
額」に転記します。

1-8　未確定債務で将来減算効果がない もの（役員賞与引当金など）　頻度：★★

①　概　要

　未確定債務，つまり当期においてはまだ債務として確定していないと
いう理由で税務上否認された項目であっても，将来の債務確定時におい
て損金算入されない項目があります。

　典型的な例としては，**役員賞与引当金**が挙げられます。役員賞与を見
積もって引当計上した段階では，税務上は，債務が確定していないとい
う理由で損金算入を否認されます。

　これは，債務が確定していない（＝純資産が減少していない）ことに基
づく税務調整ですので，別表四上は「留保」として処理され，別表五（一）
の残高として表示されます。これについて，確定時において役員給与の
損金算入要件を満たさない場合(注)，損金算入されることはありません。

　具体的には確定時において別表四にて減算認容を行うと同時に，損金
不算入役員報酬として加算・社外流出処理を行います（図表Ⅰ-4-7
参照）。

　つまり，会計上費用計上した時点で，未確定債務として加算・留保処
理をしていても，将来において課税所得を減少させる効果はないことと
なります。

　したがって，このような場合，未確定債務として別表五（一）に計上
されていても，税効果会計上は一時差異に該当しないものとして取り扱
われ，繰延税金資産の計上対象とはなりません。

　（注）役員賞与であっても事前確定届出給与の要件を満たしている場合などは，
　　　税務上損金算入されることがあります（1-2参照）。したがって，役員賞与

図表Ⅰ－4－7　将来減算効果のない未確定債務が永久差異となるしくみ

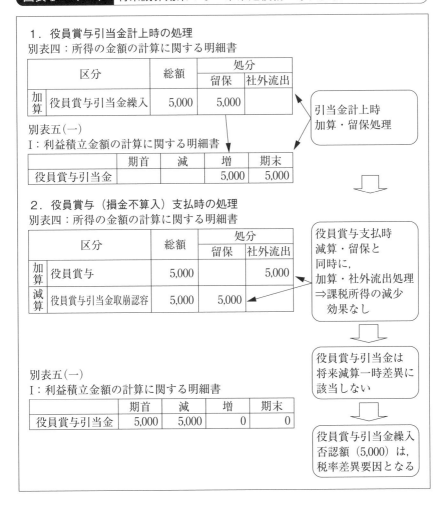

1．役員賞与引当金計上時の処理
別表四：所得の金額の計算に関する明細書

区分		総額	処分	
			留保	社外流出
加算	役員賞与引当金繰入	5,000	5,000	

別表五(一)
Ⅰ：利益積立金額の計算に関する明細書

	期首	減	増	期末
役員賞与引当金			5,000	5,000

引当金計上時
加算・留保処理

2．役員賞与（損金不算入）支払時の処理
別表四：所得の金額の計算に関する明細書

区分		総額	処分	
			留保	社外流出
加算	役員賞与	5,000		5,000
減算	役員賞与引当金取崩認容	5,000	5,000	

別表五(一)
Ⅰ：利益積立金額の計算に関する明細書

	期首	減	増	期末
役員賞与引当金	5,000	5,000	0	0

役員賞与支払時
減算・留保と
同時に，
加算・社外流出処理
⇒課税所得の減少
効果なし

役員賞与引当金は
将来減算一時差異に
該当しない

役員賞与引当金繰入
否認額（5,000）は，
税率差異要因となる

　引当金のすべてが「未確定債務で将来減算効果のないもの」に該当するわけではありません。

②　税率（税額）差異が生じるしくみ

　税率（税額）差異が生じるしくみは1－1「交際費・寄附金」の場合と同様です。課税所得計算上加算され，法人税等の額を増加させるもの

の，税効果が認識されず法人税等調整額が計上されないため，当期法人税等負担額が増加し，法人税等負担率が高くなるというものです。

③ どこで数値を把握するか

将来課税所得の減算効果のない未確定債務については上述のとおり，法人税申告書上は加算・留保処理されます。

したがって，交際費等の永久差異項目と異なり，**別表四社外流出欄には記載されません。**

別表五（一）利益積立金額の当期末残高（プラス残高）のうち，税効果会計上将来減算一時差異として認識されなかったものを抽出する方法によります。

なお，図表Ⅰ-4-7で示すように，債務確定時に減算・留保，加算・社外流出処理がなされますが，**この際の加算・社外流出処理は税率差異要因にはならない**ので注意が必要です。

 ポイント | 一時差異に該当しない留保項目

役員賞与引当金など，別表五（一）に記載される項目であっても，将来減算（加算）効果がなければ一時差異に該当しない。このため，永久差異として税率差異要因となる。

1-9 株式発行法人に対する株式譲渡（完全支配関係者間） 頻度：★

① 概　要

ⅰ）株式発行法人に対する株式譲渡の原則的取扱い

株式発行法人に対して当該株式の譲渡を行った場合（発行法人にとっ

図表Ⅰ－4－8 原則的取扱い

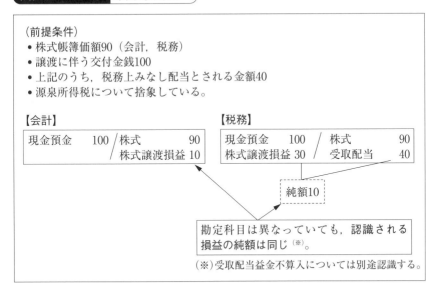

（前提条件）
- 株式帳簿価額90（会計，税務）
- 譲渡に伴う交付金銭100
- 上記のうち，税務上みなし配当とされる金額40
- 源泉所得税について捨象している。

【会計】

| 現金預金 | 100 | 株式 | 90 |
| | | 株式譲渡損益 | 10 |

【税務】

| 現金預金 | 100 | 株式 | 90 |
| 株式譲渡損益 | 30 | 受取配当 | 40 |

純額10

勘定科目は異なっていても，認識される損益の純額は同じ（※）。

（※）受取配当益金不算入については別途認識する。

ては自己株式取得），譲渡法人において，会計上は譲渡に伴う交付金銭と帳簿価額との差額をもって株式譲渡損益として認識します。

　一方，税務上は原則として交付金銭の一部をみなし配当として認識し，残額を株式譲渡収入として株式譲渡損益を認識します。

　このように税務と会計で処理される勘定科目は異なりますが，会計上と税務上の帳簿価額が同一である限り，認識される損益の純額は会計と税務で同額となります（注1）。

（注1）税務上は受取配当について益金不算入とする措置があるため，これについては別途永久差異として認識することになります。受取配当益金不算入については1－3を参照。

ⅱ）株式発行法人に対する株式譲渡（完全支配関係者間）

　完全支配関係者である株式発行法人に対して当該株式を譲渡（発行法人側にとっては自己株式取得）した場合であっても，譲渡法人側の会計上の取扱いは原則として上記ⅰ）と同様で，収入金額と株式帳簿価額の

差額が譲渡損益とされます。

　一方，税務上は，完全支配関係者間で株式の発行法人に当該株式を譲渡した場合には，譲渡法人側では**株式帳簿価額をもって株式譲渡収入**として認識します。

　よって株式譲渡損益は計上されず，株式譲渡損益に対応する金額は「資本金等の額」にて処理されます。

　この結果，資本金等の額として処理された金額だけ会計上の利益と税務上の課税所得が異なることとなります[注2]。そして，この税務上「資本金等の額」とされた額には将来課税所得を減少（増加）させる効果は

図表Ⅰ－4－9　例外的取扱い―完全支配関係者間

（前提条件）
● 株式帳簿価額90（会計，税務）
● 完全支配関係者である株式発行法人に対する当該株式の譲渡
● 譲渡に伴う交付金銭100
● 上記のうち，税務上みなし配当とされる金額40
● 源泉所得税について捨象している。

【会計】

現金預金	100	株式	90
		株式譲渡損益	10

【税務】

現金預金	100	株式	90
資本金等の額	30	受取配当	40

税務上「資本金等の額」として処理された株式譲渡損益相当額の分だけ会計上の利益と税務上の課税所得が異なる。かつ「資本金等の額」は一時差異に該当しないため税効果は認識されない。

税率差異要因となる。

＊　税務上は，このほかに受取配当につき益金不算入とする措置があるが，これは別途，永久差異として認識する。

ないため，税効果が認識されることはありません。

（注2）帳簿価額が会計と税務で同一の場合。

関連条文 法法23・61の2⑰

②　税率（税額）差異が生じるしくみ

　税率（税額）差異が生じるしくみは1－1「交際費・寄附金」の場合
と同様です。課税所得計算上加算（減算）され，法人税等の額を増加
（減少）させるものの，税効果が認識されず法人税等調整額が計上され
ないため，法人税等負担率が高く（低く）なるというものです。

　別表四上，留保処理されるので少しわかりにくいのですが，税率差異
が発生するしくみとしては，交際費損金不算入のように流出処理される
項目と同様です。

③　どこで**数値を把握するか**

　税務上資本金等の額にて処理される株式譲渡損対応額は，別表四上に
おいて**加算・留保**処理されます。したがって，交際費の損金不算入額等
と異なり，**別表四社外流出欄には記載されません**。

　差異要因把握方法としては以下のような手順を取ります。

①　別表五(一)残高のうち一時差異とされなかった項目を確認する。

②　①により資本金等の額が確認された場合，その計上根拠とな 　る税務仕訳を確認する。

③　②において確認された税務仕訳が完全支配関係者間における 　株式の発行法人への譲渡であった場合，税務上資本金等の額と

して処理された金額をもって，第2章で説明した税率差異分析ワークシートの「課税所得計算上加算（減算）された金額」欄に転記する。

図表Ⅰ－4－10	株式発行法人に対する当該株式の譲渡（完全支配関係者間）　譲渡法人の別表四，五（一）記載例

（図表Ⅰ－4－9の場合の別表四，五（一）記載例）

別表四：所得の金額の計算に関する明細書(※)

区分	総額	処分	
		留保	社外流出
当期純利益又は当期欠損の額			
加算 受取配当	40	40	
減算 株式譲渡損益	10	10	

別表四上は留保として記載され，別表五（一）に転記される

別表五（一）

Ⅰ：利益積立金額の計算に関する明細書

	期首	減	増	期末
資本金等の額			30	30

利益積立金額の内訳として計上される資本金等の額
⇒将来減算一時差異に該当しない

Ⅱ：資本金等の額の計算に関する明細書

区分	期首現在資本金等の額	当期の増減		差引翌期首現在資本金等の額
		減	増	
利益積立金額			△30	△30

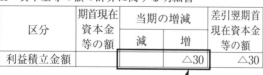

資本金等の額の内訳としての「利益積立金額」に当期増減がある場合，その内容を確認する必要がある

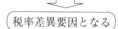

税率差異要因となる

（※）このほかに，受取配当の益金不算入に係る処理があるが，ここでは記載を省略する。

ポイント 　完全支配関係者間での株式発行法人に対する当該株式譲渡

　「完全支配関係者間での株式発行法人に対する当該株式譲渡」は別表四の「社外流出」に表示されない永久差異である。

1－10　のれん償却費　　　　　　　　頻度：★

①　概　要

　法人が事業譲受や組織再編により事業を「取得」した場合，取得の対価と当該事業の個別資産に付された時価の合計額との差額については会計上，「のれん」として処理されます。のれんは会計上20年以内の効果の及ぶ期間で規則的に償却されます。また，必要に応じて減損処理が行われます。

　一方，税務上は通常「のれん」は認識されないため，会計と税務で資産の価額に差異が生じますが，**「のれん」については税効果は認識しない**こととされています[注]（「企業結合会計基準及び事業分離等会計基準に関する適用指針」72）。

　(注)　会計上ののれんと類似した概念として，税務上の「資産（負債）調整勘定」があります。税効果会計上「のれん」と「資産（負債）調整勘定」は別概念として整理されており，資産（負債）調整勘定については税効果を認識することとなります。このため，仮に会計上と税務上で同額の「のれん」と「資産調整勘定」が計上されたとしても，資産調整勘定のみ一時差異として取り扱い，繰延税金資産を認識することとなります。

②　税率（税額）差異が生じるしくみ

　のれんが会計上償却あるいは減損処理された場合，会計上の税引前当期純利益はその分減少するものの，課税所得・法人税額は減少せず，また法人税等調整額も計上されないため，会計上の税引前当期純利益に対

する法人税等負担額が大きくなります。

　つまり，会計上費用とされたものが税務上費用とされず，なおかつ税効果が認識されないことにより税率差異が生じるわけです。この意味で，税率（税額）差異が発生する基本的なしくみは交際費等と同様です。

図表Ⅰ－4－11　のれん償却費が税率差異要因となるしくみ

（前提条件）
- のれん償却費200，その他損益1,000，税引前当期純利益800
- 税務調整項目　のれん償却費損金不算入200
- 法定実効税率30％
- 法人税等負担額300＝（800＋200）×30％

損益計算書

のれん償却	△200
その他損益	1,000
税引前当期純利益	800
法人税等負担額	300
当期純利益	500
税効果会計適用後の法人税等の負担率（A）	37.5％
法定実効税率（B）	30％
税率差異　（A）－（B）	7.5％

のれん償却前の利益1,000×法定実効税率30％となっている。
（理由：のれん償却費＝損金不算入（＝法人税等の額増加），かつ法人税等調整額の計上なし）

- 法人税等負担率と法定実効税率との間に差異（税率差異）が7.5％生じている。税率差異の発生要因は永久差異であるのれん償却費200である。
- 税率差異7.5％＝のれん償却費否認200×法定実効税率30％÷税引前当期純利益800と一致

③　どこで数値を把握するか

　のれん償却費は別表四上において**加算・留保**処理されます。したがって，交際費等の損金不算入額等と異なり，**別表四流出欄には記載されません。**

　したがって，差異要因把握方法としては以下のような手順を取ります。

① 　別表五(一)残高のうち一時差異とされなかった項目を確認する。

② 　①によりのれんが確認された場合，別表四にて，のれん償却費
　　 等に係る税務調整を確認 ⇒ 税率差異要因となる金額を把握する。

③ 　のれん償却費否認額が確認されたら当該金額をもって，第2
　　 章で説明した税率差異分析シートの「課税所得計算上加算（減
　　 算）された金額」欄に転記する。

図表 I － 4 － 12 のれん償却費否認　別表四，五（一）記載例

別表四：所得の金額の計算に関する明細書

区分		総額	処分	
			留保	社外流出
当期利益又は当期欠損の額				
加算	のれん償却費	200	200	

税効果会計上，のれんについては繰延税金資産を認識しない。＝のれん償却に伴う繰延税金資産取崩しはなし。

別表五（一）
I：利益積立金額の計算に関する明細書

	期首	減	増	期末
のれん	△800	△200		△600

のれん償却費否認は税率差異要因となる

 ポイント のれん償却費

　「のれん償却費」は別表四の「社外流出」に表示されない永久差
異である。

1-11 抱合せ株式消滅差損益　　頻度：★

① 概　要

　会社が合併する場合において，合併法人が被合併法人の株式（抱合せ株式）を保有していた場合，当該抱合せ株式に対して合併法人株式は交付されません。

　そこで，会計上は合併に際して，合併法人側において抱合せ株式の消滅に伴う「抱合せ株式消滅差損益」を認識します。典型的には，親会社が子会社を合併するような場合において会計上，この「抱合せ株式消滅差損益」が発生します。

　一方，税務上は，当該合併が適格合併に該当する場合，損益は認識されず，抱合せ株式消滅差損益に相当する金額は原則として「資本金等の額」にて処理されます。

　したがって，法人税申告処理上，別表四において加算（減算）・留保処理されるものの，税務上の「資本金等の額」は将来課税所得の計算において減算（加算）されることはないため，**一時差異には該当せず，税効果は認識されません**。

関連法令 法令8①五

② 税率（税額）差異が発生するしくみ

　税率（税額）差異が生じるしくみは1-1「交際費・寄附金」の場合と同様です。課税所得計算上加算され，法人税等の額を増加させるものの，税効果が認識されず法人税等調整額が計上されないため，当期法人税等負担額が増加（減少）し，法人税等負担率が高く（低く）なるというものです。

　別表四上，合併に伴う他の処理とともに留保にて処理されるので，申告書上は非常にわかりにくいのですが，税率差異が発生するしくみとしては，交際費損金不算入のように流出処理される項目と同様です。

　この「抱合せ株式消滅差損益」ですが，組織再編に伴い発生するものであるため金額的インパクトが大きいことがしばしばあります。そのため，法人税等負担率に大きな影響を与えることもまれではありません。

図表Ⅰ－4－13 抱合せ株式消滅差損益が法人税等負担率に大きな影響を与えている例

2．法定実効税率と税効果会計適用後の法人税等の負担率との間に重要な差異があるときの，当該差異の原因となった主要な項目別の内訳	当事業年度 （2022年3月31日）
法定実効税率	30.6%
（調整）	
受取配当金等永久に益金に算入されない項目	△2.5
住民税均等割	0.6
評価性引当額	△2.0
抱合せ株式消滅差益	△25.9
その他	0.7
税効果会計適用後の法人税等の負担率	1.4

（電気機器C社　2022年3月期有価証券報告書より一部抜粋，太字および囲み筆者）

①　どこで数値を把握するか

　税率差異が生じるしくみは交際費等と同様ですが，抱合せ株式消滅差損益は別表四において社外流出処理はされず，留保として取り扱われます。

　したがって，差異要因把握方法としては以下のような手順を取ります。

> ①　当期における合併等組織再編の有無を確認する。

> ②　当期において組織再編が行われている場合，当該組織再編の税務上の仕訳と会計上の仕訳を確認 ⇒ 税務調整仕訳において課税所得の加算（減算）が行われているにもかかわらず一時差異として取り扱われない項目の有無を確認する。

③　②により抱合せ株式消滅差損益の税務上の申告加算（減算）が確認された場合，当該金額をもって，第2章で説明した税率差異分析ワークシートの「課税所得計算上加算（減算）された金額」欄に転記する。

ポイント｜抱合せ株式消滅差損益

　「抱合せ株式消滅差損益」は別表四の「社外流出」に表示されない永久差異である。

1-12　外国子会社合算税制により益金の額に算入された特定外国関係会社等の課税対象金額　頻度：★

① 概　要

ⅰ）外国子会社合算税制とは

　外国子会社合算税制（タックスヘイブン対策税制・CFC税制）とは，内国法人の外国関係会社が一定の要件に該当する場合には，その所得の金額（の一部）について内国法人の所得に合算して課税するという制度です。

　外国子会社合算税制は非常に複雑で，国際税務の専門家でも頭を悩ませるところです。制度の詳細な解説は他書に譲ることとして，ここでは，税率（税額）差異分析に必要な最低限の事項を解説します。わかりやすさを優先して，非常にざっくりした説明となっている点，ご理解ください。

ⅱ）課税対象金額／部分課税対象金額の益金算入

　外国関係会社の租税負担割合が一定以下で，経済活動基準を満たさない等の場合には，当該外国関係会社の所得に一定の調整を加えた金額（適用対象金額）に，内国法人の持株割合^{（注1）}を乗じた金額（課税対象金額）を，内国法人の課税所得の計算上，益金の額に算入します^{（注2）}。

（注1）より正確には「請求権等勘案合算割合」。
（注2）住民税・事業税の計算：法人税の課税所得の計算上，特定外国関係会社
　　　等に係る課税対象金額等の益金算入が行われた場合，その計算は住民税・事業
　　　税の計算にそのまま連動します。事業税においては，国外支店等に係る所得は
　　　課税標準から除外されますが，外国子会社合算税制に係る益金算入額について
　　　は，事業税の課税所得の計算上除外されることはありません。

図表Ⅰ－4－14　外国子会社合算税制イメージ

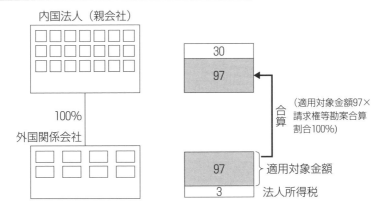

　また，外国関係会社が経済活動基準を満たす場合であっても，租税負担割合が一定以下の場合には，当該法人の受動的所得（部分適用対象金額）については，合算の対象となります。

ⅲ）外国税額控除

合算課税される所得について，特定外国関係会社等が外国法人税を納

付している場合，当該外国法人税額のうち，合算金額に対応する部分の
金額については，内国法人において外国税額控除の対象とすることがで
きます（つまり，内国法人自身が納付した外国法人税ではないにもかか
わらず，外国税額控除の対象になります）。

　控除対象となった外国法人税額は法人税の課税所得の計算上，益金の
額に算入されます（もともと納付していない＝会計上費用計上している
わけではないところ，別表加算することになります）。

iv）課税済利益からの配当を収受した場合

　合算課税後一定期間内に，課税済利益（「特定課税対象金額等」など）
を原資とする配当を収受した場合には，当該配当の金額のうち課税済利
益に対応する部分の金額については，当該内国法人の法人税の課税所得
の計算上，益金の額には算入しないこととされています。詳しくは１－
13を参照してください。

関連条文 措法66の６・66の７，66の８

②　税率（税額）差異が生じるしくみ

ⅰ）特定外国関係会社等に係る課税対象金額の益金算入

　税率（税額）差異が生じるしくみは１－１「交際費・寄附金」の場合
と同様です。課税所得計算上加算され，法人税等の額を増加させるもの
の，税効果が認識されず法人税等調整額が計上されない(注3)ため，法
人税等負担額が増加し，法人税等負担率が高くなるというものです。

（注3）合算課税済利益の取扱い

　　合算課税後，一定期間内に合算課税済の利益を原資とする配当がなされた場合
　には，内国法人の所得の計算上，配当のうち合算課税済利益に対応する部分の金
　額については益金の額に算入されないこととされています。このことから，この
　合算課税済利益の金額（特定課税対象金額）について将来減算一時差異として取
　り扱うこともあります（明確な配当計画がある場合など）。この場合には，増加

する法人税等の額に対応する法人税等調整額を計上することになるので，合算課税時において税率（税額）差異は生じないこととなります。

　ここでは，一時差異として取り扱われなかった場合の，法人税等負担率への影響について説明しています。

　交際費・寄附金が自社で支払った費用の否認という性質をもつのに対して，特定外国関係会社等の所得の合算課税は他社の所得の合算であり，租税法的には両者は性質の異なるものですが，税率（税額）差異の分析上の取扱いは同様で，課税所得の計算上加算された金額に法定実効税率を乗じたものが法人税等負担額への影響額となります[注4]。

（注4）特定外国関係会社等からの配当

　　合算課税された特定外国関係会社等から，その後配当を受けた場合，配当のうち合算課税済みである金額（特定課税対象金額）に対応する部分の金額は，配当受取法人において全額益金不算入とされます。ここで，（注3）に示すように合算課税済利益について一時差異として取り扱っていなかった場合には，受取配当の益金不算入と同様に税率差異要因となります。税率差異が生じるしくみは受取配当益金不算入，外国子会社配当益金不算入と同様ですので，本章1−3，1−4をご参照ください。

ⅱ）控除対象外国法人税額の益金算入

　特定外国関係会社等が納付した外国法人税額の一部または全部について，合算課税に伴い外国税額控除の対象とする場合，これは課税所得の計算上益金の額に算入されます。こちらについても，将来において減算されるということはありませんので永久差異に該当します。

　したがって，益金算入額に法定実効税率を乗じた金額が法人税等負担額への影響額（税額差異）となります。

ⅲ）特定外国関係会社等が納付した外国法人税額の控除

ⓐ　外国法人税額の控除

　特定外国関係会社等が納付した外国法人税額の一部または全部につ

いて，内国法人の法人税額の計算上控除するということは，自社の損益計算書上法人税等の額に計上されていない外国法人税について外国税額控除をとるということでもあります。

　したがって，控除対象外国法人税額分だけ当期法人税等負担額は理論値よりも少なくなります。

ⓑ　控除しきれない外国法人税額について

　控除対象外国法人税額とした金額について，当期控除しきれずに繰越し（繰延税金資産の計上）したうえで，繰越控除超過額について3年以内に控除しきれずに切り捨てられるケースがあります。

　この場合，切捨てが見込まれた時点で繰延税金資産に対する評価性引当額を計上し，切り捨てられた段階で一時差異の消滅を認識する（一時差異等に係る税効果額が減少するとともに評価性引当額が取り崩される）ことになります。この処理によっても税率（税額）差異が発生することになりますが，これらについては後述5-1「評価性引当額の増減」，3-6「外国税額控除—繰越控除限度超過額切捨て」にて説明することとします。

vi）特定外国関係会社等が納付した外国法人税等の額について外国税額控除の対象としない場合

　会社が特定外国関係会社等が納付した外国法人税等の額について外国税額控除の対象としない場合（典型的には当該法人が損金算入方式を採用している場合など）には，上記ⅱ）およびⅲ）の差異は発生しません。この場合，ⅰ）の金額のみが税額差異となります。

ⅴ）まとめ

　上記ⅰ）〜ⅳ）にて説明した特定外国関係会社等の所得の合算による法人税等負担額への影響額をまとめると，以下のようになります。

ⓐ　特定外国関係会社等に係る外国税額について外国税額控除の対象
　　とした場合

内　容	±	法人税等負担額への影響額
特定外国関係会社等に係る課税対象金額	+	益金算入額×法定実効税率
特定外国関係会社等に係る控除対象外国法人税額の益金算入	+	益金算入額×法定実効税率
特定外国関係会社等に係る外国税額控除	−	控除対象外国税額^{（※）}

（※）　上記は特定外国関係会社等の合算課税とこれに係る外国法人税額の控除に関する
　　税額差異の金額です。控除対象とした外国法人税額が3年以内に控除しきれなかった
　　場合や，控除対象外国法人税額の繰越超過額に係る繰延税金資産に対して評価性引当
　　額が計上された場合の税率（税額）差異の取扱いについては，それぞれ3－6，5－
　　1を参照してください。

ⓑ　上記以外

内　容	±	法人税等負担額への影響額
特定外国関係会社等に係る課税対象金額	+	課税対象金額×法定実効税率

vi）設　例

以下に，特定外国関係会社の所得の合算課税に係る差異分析について
簡単な設例を用いて示します。

設例2　特定外国関係会社の所得の合算課税に係る差異分析

1　前提条件

・税引前当期純利益10,000
・特定外国関係会社等に係る課税対象金額1,000，特定外国関係会社等
　に係る控除対象外国法人税額100
・法人税率23.2%，地方法人税率10.3%，住民税率10.4%，事業税率3.78%，
　法定実効税率30.625%
・期首一時差異なし，事業税中間納付額なし

2　損益計算書の法人税等負担額の計算

法人税課税所得計算

税引前当期純利益		10,000	①
特定外国関係会社に係る課税対象金額		1,000	②
仮計	①＋②	11,000	③
控除対象外国法人税額（CFC外税）		100	④
課税所得金額		11,100	⑤

法人税額

課税所得×法人税率	⑤×23.2%	2,575	⑥
外国税額控除	④	100	⑦
法人税額	⑥－⑦	2,475	⑧

地方法人税額

地方法人税課税標準	⑥	2,575	⑨
地方法人税額	⑨×10.3%	265	⑩

住民税額

住民税課税標準	⑥	2,575	⑪
住民税額	⑨×10.4%	268	⑫

事業税（特別法人事業税を含む）の額

事業税課税標準	⑤	11,100	⑬
事業税額	⑬×3.78%	420	⑭
国内法人税等の額	⑧＋⑩＋⑫＋⑭	3,428	⑮
外国法人税の額		0 (※)	⑯
損益計算書　法人税等の額	⑮＋⑯	3,428	⑰

法人税等調整額

未払事業税×法定実効税率	－（⑭×30.625%）	△128	⑱
法人税等・法人税等調整額合計	⑰＋⑱	3,299	⑲

（※）外国税額控除の対象となっている外国法人税は外国関係会社が納付したものであるため，当社の損益計算書上は外国法人税額は計上されていない。

3　税額をベースとする差異分析

(1)　差異要因による法人税等負担額への影響額

内　容	課税所得計算上加算された額	法人税等負担額に与える影響
①　特定外国関係会社に係る課税対象金額	1,000	306
②　控除対象外国税額益金算入	100	31
③　外国税額控除		△ 100
計		237

(2)　あるべき法人税等負担額

①	差異要因による法人税等負担額への影響額（(1)より）	237
②	法人税等理論値（税引前当期純利益×法定実効税率）	3,062
	計	3,299

(3)　検　証

①	損益計算書上の法人税等負担額合計（上記2⑲）	3,299
②	あるべき法人税等負担額（上記(2)）	3,299
	①－②	0

法人税等負担額は適正に計上されている

③　どこで数値を把握するか

ⅰ）特定外国関係会社等の所得に係る益金算入額

特定外国関係会社等の課税対象金額は法人税申告書別表十七(三の二)
(注5)，部分課税対象金額は別表十七(三の三)(注6)にて計算され(注7)，別
表四に転記されます。したがって，特定外国関係会社等の所得で益金算
入される金額は別表四を確認することにより得られます。

(注5)　別表十七(三の二)
「特定外国関係会社又は対象外国関係会社の適用対象金額等の計算に関する明細
書」

(注6)　別表十七(三の三)
「外国金融子会社等以外の部分対象外国関係会社に係る部分適用対象金額及び特
定所得の金額等の計算に関する明細書」

(注7)　このほか，外国金融子会社の部分適用対象金額については，別表十七（三
の四）「外国金融子会社等に係る金融子会社等部分適用対象金額及び特定所得
の金額等の計算に関する明細書」に記載されます。

ⅱ）特定外国関係会社等に係る控除対象外国法人税額

特定外国関係会社等に係る控除対象外国法人税額は別表十七(三の五)
(注8)にて計算され，別表六(二の二)(注9)に転記されたうえで，他の控除対

象外国税額と合算されて別表四にて加算処理されます(別表四30欄[注10])。

　別表四では「税額控除の対象となる外国法人税の額等の額」として，①直接納付に係る控除対象外国税額，②みなし外国法人税額，③特定外国関係会社等に係る控除対象外国法人税額，の3種類の外国税額が<u>合計記載</u>されるため，③特定外国関係会社等に係る控除対象外国法人税額を確認するには別表十七(三の五)および別表六(二の二)を参照する必要があります。

（注8）別表十七(三の五)
「外国関係会社の課税対象金額等に係る控除対象外国法人税額等の計算に関する明細書」
（注9）別表六(二の二)
「当期の控除対象外国法人税額又は個別控除対象外国法人税額に関する明細書」
（注10）別表四　30欄「税額控除の対象となる外国法人税の額」

　以下に特定外国関係会社等の所得に関する益金算入に関連する別表上の数値の流れをまとめました。

■ 図表Ⅰ－4－15　申告書別表上の数値の流れ

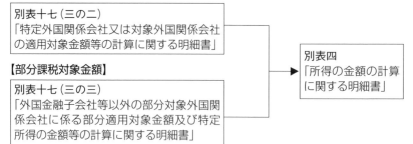

■特定外国関係会社等の所得に係る益金算入額
【課税対象金額】
別表十七(三の二)
「特定外国関係会社又は対象外国関係会社の適用対象金額等の計算に関する明細書」

【部分課税対象金額】
別表十七(三の三)
「外国金融子会社等以外の部分対象外国関係会社に係る部分適用対象金額及び特定所得の金額等の計算に関する明細書」

別表四
「所得の金額の計算に関する明細書」

■特定外国関係会社等に係る控除対象外国法人税額の益金算入額

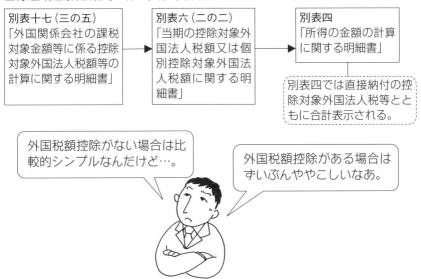

別表十七（三の五）
「外国関係会社の課税対象金額等に係る控除対象外国法人税額等の計算に関する明細書」

別表六（二の二）
「当期の控除対象外国法人税額又は個別控除対象外国法人税額に関する明細書」

別表四
「所得の金額の計算に関する明細書」

別表四では直接納付の控除対象外国法人税等とともに合計表示される。

外国税額控除がない場合は比較的シンプルなんだけど…。

外国税額控除がある場合はずいぶんややこしいなあ。

1-13　合算課税済利益配当の益金不算入　頻度：★

①　概　要

　内国法人が特定外国関係会社等から受ける剰余金の配当のうち，内国法人において合算課税済みの部分（特定課税対象金額および間接特定課税対象金額）に達するまでの金額については，その内国法人の所得の金額の計算上益金の額に算入されません。特定外国関係会社等が受取配当の95％益金不算入の対象となる外国子会社の場合は，その特定外国関係会社等から受ける剰余金の配当のうち特定課税対象金額に達するまでの金額は100％益金不算入とされます。また，配当に課された源泉税については損金の額に算入され，外国税額控除の対象とすることはできません。

関連条文　措法66の8，法令142の2⑧

② 税率（税額）差異が生じるしくみ

税率（税額）差異が生じるしくみは1－3「受取配当益金不算入」の場合と同様です。課税所得の計算上減算され，法人税等の額を減算させるものの，税効果が認識されず法人税等調整額が計上されないため（特定課税対象金額について一時差異に該当しないものとして取り扱った場合。p.68（注3）参照），当期法人税等負担額が減少し，法人税等負担率が低くなるというものです。

なお，損金算入される外国源泉税の額も税率（税額）差異要因となりますが，これについては3－7にて説明していますのでそちらを参照してください

③ どこで数値を把握するか

合算課税済利益配当の益金不算入額は法人税申告書別表十七（三の七）^(注)にて計算された後，別表四に転記され，減算・社外流出処理されます。したがって，別表四において減算・社外流出処理されている外国子会社から受ける剰余金の配当等の益金不算入額を確認することにより数値を把握することができます。

税率差異分析作業上は別表四に記載された数値をもって，第2章で示した税率差異分析ワークシートの「課税所得計算上加算（減算）された額」欄に転記します。ワークシートへの記載方法は受取配当益金不算入の場合と同様ですので，1－3「受取配当益金不算入」の記載例を参照してください。

（注）別表十七（三の七）
「特定課税対象金額等又は特定個別課税対象金額等がある場合の外国法人から受ける配当等の益金不算入額等の計算に係る明細書」

2　採用した法定実効税率と当該所得に課される税率との差異によるもの

2－1　中小法人等に対する軽減税率　　頻度：★★

①　概　要

　資本金1億円以下の法人（大法人により完全支配されている法人等を除く）については，課税所得のうち800万円（注1）以下の部分の金額については法人税率が23.2％から15％に軽減されます。

　（注1）事業年度が1年未満の場合は，800万円×事業年度の月数／12カ月。

> 関連条文　法法66，措法42の3の2

②　税率（税額）差異が生じるしくみ

　原則的な法人税率である23.2％を基礎として法定実効税率を計算した法人の所得の一部に軽減税率が適用される場合，実際に適用される税率が法定実効税率より低いわけですから，ここに税率差異が発生します。

　法人税等負担額に対する影響は，以下の算式によって求められます。

法人税の軽減税率による法人税等負担額に対する影響（注2）

　＝－課税所得のうち800万円以下の部分の金額（A）

　×（法人税本則税率（23.2％）－法人税軽減税率（15％））×（1＋地方法人税率＋住民税率（注3））

　（注2）実際税額が理論値より小さくなる方向に働くので，マイナスにて表示。
　（注3）法人税につき軽減税率が適用され，法人税が減少することにより，法人税額を課税標準として計算される地方法人税額及び住民税額も減少する。

　したがって，上記算式によって求めた数値を第2章で説明した税率（税額）差異分析ワークシートの「法人税等負担額への影響額」に記載

します。

③　どこで数値を把握するか

軽減税率適用の有無および軽減税率が適用された課税所得・軽減税率については法人税申告書別表一（一）より確認することができます。したがって，この金額をもって上記②の計算式に当てはめ，法人税等負担額への影響額を計算します。

図表Ⅰ－4－16　法人税申告書別表一（次葉）（一部抜粋）

法　人　税　額　の　計　算				
(1)のうち中小法人等の年800万円相当額以下の金額 ((1)と800万円×⌐₁₂のうち少ない金額)又は(別表一付表「5」)	49	000	(49)の15%又は19%相当額	52	
(1)のうち特例税率の適用がある協同組合等の年10億円相当額を超える金額 　　(1)－10億円×⌐₁₂	50	000	(50)の22%相当額	53	
その他の所得金額 　　(1)－(49)－(50)	51	000	(51)の19%又は23.2%相当額	54	

軽減税率適用所得と軽減税率

参考

法定実効税率と実際の税率が異なるその他の要因

1．代表的な事業所とそれ以外の事業所に係る事業税・住民税の税率の差
　　事業税・住民税の税率は自治体により異なりますので，代表的な事業所が存する自治体の税率を基礎として法定実効税率を計算した場合，代表的な事業所とそれ以外の事業所に係る事業税・住民税の税率の差も，税率（税額）差異要因となります。

2．収入金課税の対象となる事業
　　事業税においては電気供給業，ガス供給業，保険業等についてはいわ

ゆる収入金課税が行われます。収入金課税が行われる事業と一般事業を
併せて行っている場合で，税率（税額）差異分析上の法定実効税率は一
般事業に対する税率を用いる場合，収入金課税とされる事業に係る損益
×法定実効税率分だけ，税額差異が生じることとなります（収入割につ
いては租税公課として処理をしている前提）。このような事象が生じる典
型例としては，製造業等を営む会社が一定以上の規模^{（注）}で太陽光発電
を行い，売電収入を得ているようなケースが挙げられます。

（注）従たる事業である電気供給業が社会通念上独立した事業部門とは認められない程
　　度の軽微なものである場合，これを主たる事業に含めて主たる事業に対する課税方
　　式により課税標準および税額を計算することが認められています。

3．事業税軽減税率

　上記では法人税の軽減税率について記載しましたが，事業税（外形標
準課税不適用法人）にも軽減税率はあります。軽減税率による税率差が
法人税に比べて小さいことから，税率（税額）差異分析において事業税
の軽減税率は捨象することも多いようです。

　以下に参考として，事業税（特別法人事業税を含む）の（軽減）税率
を記載します。

【事業税（軽減）税率】（特別法人事業税を含む）

	右記以外 （所得の一部に軽減税率）		3以上の都道府県において事務所または事業所を設けて事業を行う法人で資本金額が1,000万円以上の法人（軽減税率不適用法人）	
	標準税率	東京都	標準税率	東京都
年400万円以下	4.975%	5.045%	9.59%	10.07%
年400万円超800万円以下	7.261%	7.626%		
年800万円超	9.59%	10.07%		

＊　平成4年4月1日以後開始事業年度における外形標準課税不適用法人に係る事業
　　税と特別法人事業税の合計税率。事業税と特別法人事業税の関係については巻末の
　　参考2「法人税・地方法人税・住民税・事業税の計算構造」参照。

2-2　特定同族会社の特別税率　　　頻度：★★

① 概　要

ⅰ）税務上の取扱い

　法人が稼得した所得を個人株主に配当した場合，個人は配当所得につき累進税率によって課税されます（上場株式に係る配当を除く）。したがって，配当を行わず留保をすることによって，個人所得税の累進税率による課税を回避しようというインセンティブが働きます。

　そこで，法人税法は特定同族会社が留保した所得について，通常の法人税に追加して法人税を課すこととしています。

　具体的には，当期の所得のうちに留保した金額から法人税額，地方法人税額，住民税額を控除した当期留保金額のうち，留保控除額を超える部分の金額について10-20%の累進税率で課税がなされます。

　また，地方法人税額，住民税額の計算においては，上記追加課税額を含んだ法人税額が課税標準となります。

図表Ⅰ-4-17　特定同族会社の課税留保金額に対する税率

課税留保金額	税率
年3,000万円以下の金額	10%
年3,000万円を超え，年1億円以下の金額	15%
年1億円超の金額	20%

関連条文　法法67

ⅱ）税効果会計上の取扱い

　税効果会計上，特定同族会社の留保金課税は，利益の留保という事実に対して追加して課される税金であるため，税効果会計の計算には含められません（税効果会計適用指針91）。

　したがって，法定実効税率は，上記の追加的な税率（特定同族会社の特別税率）を加味しないで計算します。

②　税率（税額）差異が生じるしくみ

法定実効税率計算の際には加味されていない追加的な税金が課されているわけですから，当期法人税等負担額は理論値より大きくなります。

法人税額の増額に伴い地方法人税額，住民税も増加しますので，特定同族会社の留保金課税による法人税等負担額への影響額は次の式により求められます。

> 特定同族会社の留保金課税による法人税等負担額への影響額
> 　＝特定同族会社の課税留保金額に対する税額×（1 ＋ 地方法人税率＋住民税率）

したがって，上記算式によって求めた数値を第2章で説明した税率（税額）差異分析ワークシートの「法人税等負担額への影響額」に記載します。

③　どこで数値を把握するか

特定同族会社の留保金課税額は別表三（一）^(注)にて計算されたうえで，別表一（一）8欄「同上（課税留保金額）に対する税額」に転記されます（図表Ⅰ－4－18参照）。

図表Ⅰ－4－18　法人税申告書別表一（一）（一部抜粋，一部記載省略）

所得金額又は欠損金額	1	
法人税額	2	
法人税額の特別控除額	3	
税額控除超過額相当額等の加算額（2 － 3）	4	
土地譲渡利益金額　課税土地譲渡利益金額	5	
同上に対する税額	6	
留保金　課税留保金額	7	
同上に対する税額	8	
法人税額計（2）－（3）＋（4）＋（6）＋（8）	9	

特定同族会社の留保金に対する税額

　したがって，この金額をもって，上述②の計算式に当てはめ，法人税等負担額への影響額を計算します。

（注）別表三（一）
「特定同族会社の留保金額に対する税額の計算に関する明細書」

2-3　国外支店に係る所得　　　頻度：★

①　概　要

　事業税は，その応益税としての性格から，その課税対象となる事業は国内において行われる事業に限られています。

　したがって，内国法人の外国で行う事業に帰属する所得（以下「国外支店に帰属する所得」として記載）については事業税の課税標準から除外することとされています。

　換言すれば法人の稼得する所得のうち国外支店に帰属する所得については，法人税（および住民税）のみが課されます。

　したがって，この部分に係る実効税率は法人税と住民税の合計税率（法人税率×（1＋住民税率））となります。

関連条文　地法72の24

②　税率（税額）差異が生じるしくみ

ⅰ）税率（税額）差異発生のしくみと法人税等負担額への影響額

　上述のように，国外支店に帰属する所得については法定実効税率より低い税率で課税されるわけですから，そこに税率（税額）差異が生じます。これによる法人税等負担額への影響額は，以下の算式によって求められます。

> 法人税等負担額への影響額
>
> 　＝国外支店に帰属する所得×（法定実効税率－法人税率×（1
> ＋地方法人税率＋住民税率））

　したがって，上記算式によって求めた数値をもって，第2章で説明した税率（税額）差異分析ワークシートの「法人税等負担額への影響額」に記載します

ⅱ）**設　例**

　以下に，国外支店がある場合の税率（税額）差異分析の簡単な設例を示します。

設例3　国外支店があるケース

1　前提条件

- 税引前当期純利益10,000
- 国外支店に係る所得1,000，外国法人税額なし
- 他に税務調整項目なし
- 事業税中間納税なし，期首一時差異の額なし
- 法人税率23.2%，地方法人税率10.3%，住民税率10.4%，事業税（特別法人事業税を含む）率3.78%，法定実効税率30.625%

2　当期法人税等負担額（法人税等＋法人税等調整額）の計算

法人税課税所得計算
　　税引前当期純利益　　　　　　　　　　　　　　　　　　　10,000　①
　　課税所得金額　　　　　　　　　　　　　　　　　　　　　10,000　②
法人税額
　　課税所得×法人税率　　　　　②×23.2%　　　　　　　　　2,320　③
地方法人税額
　　地方法人税課税標準　　　　　③　　　　　　　　　　　　　2,320　④
　　地方法人税額　　　　　　　　④×10.3%　　　　　　　　　 239　⑤
住民税額
　　住民税課税標準　　　　　　　③　　　　　　　　　　　　　2,320　⑥
　　住民税額　　　　　　　　　　⑥×10.4%　　　　　　　　　 241　⑦
事業税額
　　事業税課税標準　　　　　　　②－（国外支店所得）　　　　9,000　⑧
　　事業税額　　　　　　　　　　⑧×3.78%　　　　　　　　　 340　⑨
損益計算書　法人税等の額　　　　③＋⑤＋⑦＋⑨　　　　　　 3,140　⑩
法人税等調整額
　　未払事業税×法定実効税率　　 －（⑨×法定実効税率）　　△104　⑪
法人税等・法人税等調整額合計　　⑩＋⑪　　　　　　　　　　 3,036　⑫

3　税額をベースとする差異分析

(1)　差異要因による法人税等負担額への影響額

内　　容	課税所得計算上加算された額	法人税等負担額に与える影響
事業税の課税対象外となる国外支店に帰属する所得 《算式》 国外支店に帰属する所得×（法定実効税率－法人税率×（1＋地方法人税率＋住民税率））		△26
計		△26

(2)　あるべき法人税等負担額

①	差異要因による法人税等負担額への影響額（(1)より）	△26
②	法人税等理論値（税引前当期純利益×法定実効税率）	3,062
	計	3,036

(3)　検　証

①	損益計算書上の法人税等負担額（2⑫より）	3,036
②	あるべき法人税等負担額（(2)より）	3,036
	①－②	0

　法人税等負担額は適正に計上されている

③　どこで数値を把握するか

　事業税の課税標準から除外される国外支店に帰属する所得は，地方税申告書第6号様式別表五に記載されます。

　また，通常，未払税金計算の際に作成した課税所得計算・税額計算のワークシートからも確認できるでしょう。

　ここで把握された金額をもって上記②の計算式に当てはめ，法人税等負担額への影響額を計算します。

3　課税所得と直接連動せず税額を増加／減少させる項目

3－1　租税特別措置法上の税額控除　頻度：★★

①　概　要

ⅰ）税額控除の種類

　法人税額計算における税額控除には，法人税法の本法上の税額控除と，租税特別措置法上の税額控除があります。

　前者には，所得税額控除・外国税額控除[注1]などがあり，後者には試験研究を行った場合の法人税額の特別控除，給与等の支給額が増加した場合の法人税額の特別控除などがあります。

　以下，租税特別措置法上の税額控除を一括して「特別控除」として記載します。

（注1）所得税額控除・外国税額控除はいったん支払った税金を法人税額から差
　　　し引くというものですから，全額控除できる限りにおいては税率差異要因には
　　　なりません。全額が控除できない場合の取扱いについては，3-3「控除対象
　　　外所得税」および3-4～3-7の外国税額に関する各種説明を参照。

ⅱ）租税特別措置法上の税額控除（特別控除）

　租税特別措置法上の税額控除（特別控除）は政策上の理由から配置さ
れているもので，一定の支出を行ったり一定の資産の取得をした場合に，
一定額を法人税額から控除するというものです。

> 法人税額＝課税所得×税率－特別控除額

　主な特別控除としては，以下のようなものがあります。

- 試験研究を行った場合の法人税額の特別控除（研究開発税制。措法
  42の4）
- 中小企業者等が機械等を取得した場合の法人税額の特別控除（中小
  企業投資促進税制。措法42の6）
- 中小企業者等が特定経営力向上設備等を取得した場合の法人税額の
  特別控除（中小企業経営強化税制。措法42の12の4）
- 給与等の支給額が増加した場合の法人税額の特別控除（賃上げ促進
  税制。措法42の12の5）

〈参考〉

租税特別措置法上の特別控除に係る別表

　上記①ⅱ）で掲げた特別控除に関する別表は以下のとおりです（制度
名については省略形にて記載）。

- 研究開発税制（試験研究費）……別表六（九），別表六（十），別表六（十四）
- 中小企業投資促進税制……別表六（十八）
- 中小企業経営強化税制……別表六（二十七）
- 賃上げ促進税制……別表六（三十一）

iii）地方法人税・住民税の課税標準との関係

　地方法人税・住民税の課税標準は法人税法の規定によって計算した法人税の額（租税特別措置法上の税額控除後の金額）^(注2)を基礎としますが，住民税の課税標準の計算においては，租税特別措置法上の税額控除のうち一部のものについては足し戻しが行われます（例：一般試験研究費に係る法人税額の特別控除額，給与等の支給額が増加した場合の法人税額の特別控除額（中小企業者等を除く））。

（注2）所得税額控除・外国税額控除前の金額。

　　　　　　　　　　　　　　　　　　関連条文　地法23①四イ

②　税率（税額）差異が生じるしくみ

　課税所得×法人税率として計算された金額から特別控除額を差し引くわけですから，その結果算出された税額は理論値よりも少なくなります。

　上述①iii）のように，法人税額の減少分が住民税課税標準に連動する場合としない場合があるため，法人税等負担額への影響額は図表I−4−19のようになります。

図表I−4−19　法人税等負担額への影響

住民税課税標準の区分	法人税等負担額への影響額
税額控除後の法人税額が住民税課税標準となるケース	（租税特別措置法上の）税額控除額×（1＋地方法人税率＋住民税率）
住民税課税標準計算に際し，法人税額に税額控除額が足し戻されるケース	（租税特別措置法上の）税額控除額×（1＋地方法人税率）

　＊　法人税課税所得には影響がないため，事業税額に対する影響はなし。

　以下に，税額控除による法人税等負担額への影響を簡単な設例で示します。

設例4　租税特別措置法上の税額控除額の法人税等負担額への影響

1　前提条件

- 当期課税所得10,000
- 法人税率23.2%，地方法人税率10.3%，住民税率10.4%
- 特別控除額100。ケース1では特別控除額を控除した後の法人税額をもって住民税の課税標準とし，ケース2では特別控除額控除前の法人税額をもって住民税の課税標準とする。
- 事業税には影響がないため，法人税・住民税の理論値と法人税・住民税の合計額を比較している。

2　租税特別措置法上の税額控除と税額差異

住民税課税標準		ケース1 特別控除後の法人税額	ケース2 特別控除額を足し戻し
法人税額	①法人税課税所得	10,000	10,000
	②税額控除前法人税額（①×23.2%）	2,320	2,320
	③特別控除額	△ 100	△ 100
	④差引法人税額（②-③）	2,220	2,220
地方法人税額	⑤地方法人税課税標準（④）	2,220	2,220
	⑥地方法人税額（⑤×10.3%）	229	229
住民税額	⑦住民税課税標準（④又は④+③）	2,220	2,320
	⑧住民税額（⑦×10.4%）	231	241
⑨法人税・地方法人税・住民税合計額（④+⑥+⑧）		2,680	2,690
⑩法人税・地方法人税・住民税理論値 　　①×23.2%×（1+10.3%+10.4%）		2,800	2,800
⑪差額（⑨-⑩）		△ 121	△ 110

税額控除額（100）×（1+地方法人税率+住民税率）=121と一致

税額控除額（100）×（1+地方法人税率）=110と一致

③　どこで数値を把握するか

　特別控除額については，各別表で計算されたうえで，その控除額につき法人税申告書別表一（一）の3欄「法人税額の特別控除額」に記載されます（A）。

　また，住民税課税標準の計算において特別控除額の足し戻しが行われているかどうかは，住民税申告書第六号様式の②③欄より確認できます（B）。

　（A）特別控除額，（B）住民税課税標準計算における取扱いの両者を確認できたならば，住民税における取扱いの区分に従って，前掲図表Ⅰ－4－19の式により法人税等負担額への影響を計算し，その金額を税率（税額）差異分析ワークシートの「法人税等負担額への影響額」に記載します。

3-2　住民税均等割　　　　　頻度：★★★

① 　概　要

　法人は，その事務所や事業所などがある都道府県・市町村に対して住民税を納める必要があります。

　住民税には「法人税割」と「均等割」があります。法人税割は法人税額に税率を乗ずる方法により求められますが，均等割は法人の資本金等の額・従業員数によって税額が決められています。

　つまり，住民税均等割は**法人の利益に関係なく課される**税金です。

　住民税均等割の税額は利益に連動しないものの，住民税は損益計算書上，「法人税，住民税及び事業税」として税引前当期純利益の下に記載することとされています^(注)（法人税等会計基準9）。

　(注)　事業税外形標準課税

　　　事業税外形標準課税に係る税額も利益と必ずしも連動しません。これは資本金等の額や報酬給与額，純支払利子，純支払賃借料などが課税標準に含まれている

ことによります。この事業税の外形標準課税部分は「法人税，住民税及び事業税」
には含めず，販売費及び一般管理費に表示することとされています（法人税等会
計基準10）。

②　税率（税額）差異が生じるしくみ

　上述のように，住民税均等割は法人の利益に関係なく課される税金で
す。したがって，会社の法人税等負担額は住民税均等割の分だけ当期純
利益から導き出される理論値より大きくなり，ここに税率（税額）差異
が生じます。

図表Ⅰ－4－20　均等割による税率（税額）差異発生例

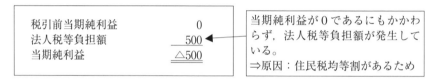

税引前当期純利益	0
法人税等負担額	500
当期純利益	△500

当期純利益が0であるにもかかわ
らず，法人税等負担額が発生して
いる。
⇒原因：住民税均等割があるため

③　どこで数値を把握するか

　当期法人税等の額に計上された住民税均等割額は，法人税等の額に係
る仕訳あるいはその仕訳の基礎となった納税額一覧により確認できます。

　納税額一覧において，住民税額を法人税割額と均等割額に区分して記
載していない場合には，納税額一覧の作成基礎となった住民税申告書
（地方税申告書第六号様式，第二十号様式）を確認する必要があります。

　複数の地方自治体に事務所・事業所がある場合には，申告書からの集
計作業が煩雑となるため，納税一覧作成時に法人税割額と均等割額をあ
らかじめ区分して記載することをお勧めします。

ポイント　住民税均等割

住民税均等割は利益に関係なく課されるため，税率差異要因となる。

3 - 3　控除対象外所得税　　　　　　　頻度：★★

①　概　要

ⅰ）源泉所得税および利子割の控除

　法人が収受する利子や配当などについては，所得税・復興特別所得税（以下「所得税等」という）が課され，源泉徴収されます。

図表 I − 4 −21 利子・配当に係る所得税─概要

種　類	所得税率	復興所得税率
利子（公社債・預金）	15%	15%×2.1%
配当（上場株式）	15%	15%×2.1%
配当（非上場株式）	20%	20%×2.1%

　源泉徴収された所得税は，法人税の前払的性格をもつことから，法人税額を計算する際に法人税額から控除されます（復興特別所得税も，所得税とみなして法人税の額から控除されます（以下，所得税と復興所得税を合わせて「所得税等」と記載））。

　この際，配当等に係る所得税等については，元本を所有していた期間に対応する所得税のみが控除の対象となります。

　換言すれば，配当等の計算期間の中途で株式等を取得した場合には，源泉徴収された所得税等の一部しか，算出された法人税の額から控除できず，控除対象外となる所得税等の額が生じます。

　控除対象外所得税等については法人税の課税所得の計算上，損金の額

に算入されます（事業税の課税所得の計算上は損金の額に算入されません）。

図表Ⅰ－4－22　株式配当に係る源泉所得税等の額の控除の計算例—個別法

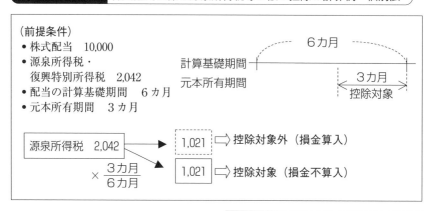

関連条文　法法40・68，地法53（26）

ⅱ）源泉所得税等の表示科目

　会計上は，受取利子・配当に課される源泉所得税等のうち所得税額控除の適用を受ける金額は損益計算書上，「法人税，住民税及び事業税」として税引前当期純利益の下に表示します。

　また控除対象外の所得税については原則として営業外費用として表示し，金額の重要性が乏しい場合には「法人税，住民税及び事業税」に含めて表示することができることとされています（法人税等会計基準13）。

　実務においては，控除対象となるもの・控除対象外となるもの，いずれも「法人税，住民税及び事業税」として処理しているケースが多いようです。

②　税率（税額）差異が生じるしくみ

　源泉徴収された所得税等は会計上「法人税，住民税及び事業税」とし

て処理される一方で，法人税額の計算上は当該所得税等の額が控除されるわけですから，源泉所得税等の**全額が法人税額・住民税額から控除できる場合には，税率（税額）差異は発生しません。**

　一方で，**控除対象外となる所得税等の額がある場合には，**控除対象外となった所得税等の額に対応して，**税率（税額）差異が生じます。**同時に，控除対象外所得税等の額は法人税課税所得の計算上損金の額に算入されるため，法人税額を理論値より引き下げる要因となります。

　控除対象外所得税等の法人税等負担額への影響をまとめると，図表Ⅰ－4－23のようになります。

図表Ⅰ－4－23　控除対象外所得税等・住民税利子割の法人税等負担額への影響

内　容	法人税等負担額への影響	
	±	金　額
控除対象外所得税等	＋	控除対象外所得税額・復興特別所得税
損金算入控除対象外所得税等	－	損金算入所得税等の額×法人税率×（1＋地方法人税率＋住民税率）[※]

（※）控除対象外所得税は事業税の課税標準計算においては損金算入されないため，事業税を考慮しない税率となる。

　したがって，上記の両者の数値をもって，それぞれ第2章で説明した税率（税額）差異分析ワークシートの「法人税等負担額への影響額」に記載します。

設例5　控除対象外所得税がある場合の法人税等負担額

1　前提条件

- 税引前当期純利益100,000
- 株式配当（非上場株式）10,000
- 源泉徴収された所得税等2,042（うち控除対象510，控除対象外1,532）
- 課税所得計算上調整される項目は控除対象外所得税のみ（受取配当益

金不算入については，説明の単純化のため捨象している）

- 法人税率23.2%，地方法人税率10.3%，住民税率10.4%，法定実効税率30.625%
- 控除対象外所得税，復興特別所得税は損益計算書上「法人税，住民税及び事業税」に表示している

2　法人税・住民税実額と理論値の差額

Ⅰ：当期法人税等負担額（法人税等＋法人税等調整額）の額の計算

法人税課税所得計算

税引前当期純利益		100,000	①
控除対象外所得税等		1,532	②
課税所得	①－②	98,468	③

法人税額等

課税所得×法人税率	③×23.2%	22,845	④
控除所得税額等	（前提条件より）	510	⑤
法人税額	④－⑤	22,335	⑥

地方法人税額

地方法人税課税標準	④	22,845	⑦
地方法人税額	⑦×10.3%	2,353	⑧

住民税額

住民税課税標準	④	22,845	⑨
住民税額	⑨×10.4%	2,376	⑩

事業税（特別法人事業税を含む）の額

事業税課税標準	③＋②	100,000	⑪
事業税額	⑪×3.78%	3,780	⑫

損益計算書　法人税等の額

⑥＋⑧＋⑩＋⑫＋源泉所得税・復興特別所得税		32,885	⑬

法人税等調整額

未払事業税×法定実効税率	－（⑫×30.625%）	△1,158	⑭
法人税等・法人税等調整額合計	⑬＋⑭	31,728	⑮

③　税額をベースとする差異分析

(1)　差異要因による法人税等負担額への影響額

内　容	課税所得計算上加算された額	法人税等負担額に与える影響
所得税等（の一部）が控除対象外となることによる税負担増		1,532
控除対象外所得税等の損金算入による税負担減	△ 1,532	^(※) △ 429
計		1,103

(2)　あるべき法人税等負担額

差異要因による法人税等負担額への影響額（(1)より）	1,103
法人税等理論値（税引前当期純利益×法定実効税率）	30,625
計	31,728

(3)　検　証

①　損益計算書上の法人税等負担額合計（上記2⑮）	31,728
②　あるべき法人税等負担額（上記(2)）	31,728
差引	0

⇒法人税等負担額は適正に計上されている

（※）控除対象外所得税等の損金算入による法人税等負担額への影響額＝控除対象外所得税等△1,532×法人税率×（1＋地方法人税率＋住民税率））

③　どこで数値を把握するか

　所得税（復興所得税を含む）の控除については，法人税申告書別表六（一）^{（注1）}に記載されています。この別表には，課された税額^{（注2）}と控除を受ける税額^{（注2）}が記載されているので，両者の差額を求めることにより控除対象外所得税等の額を求めることができます。

（注1）別表六(一)
　所得税額の控除に関する明細書
（注2）各欄には「所得税額」と記載されていますが，復興法第33条第2項の規定により復興所得税額が所得税額とみなされる結果，所得税額と復興所得税額の合計額を記入します。

3 - 4　外国税額控除—原則的取扱い　　頻度：★★

① 概　要

ⅰ）外国税額控除制度とは

　内国法人が稼得した所得についてはその源泉が国内にあるか国外にあるかを問わず，法人税等[注1]が課されます。

　一方で外国に源泉がある所得については，通常その国において法人所得税が課されるため，同一の所得に対して日本と外国で課税されるという国際的二重課税が発生します。

　この二重課税を排除するために，法人税（地方法人税・住民税）の計算において，外国で納付した法人所得税（外国法人税）の額を，法人税額（地方法人税・住民税額）から控除すること（外国税額控除）が認められています。

　ただし，外国法人税の全額が控除されるわけではなく，高率で課された部分など，一定の外国税額は控除の対象から除外されるほか，控除対象となった外国法人税額についても，当期控除できる控除限度額が定められています。

　外国税額控除制度は，それだけで1冊の書籍になるくらい複雑な制度です。詳細な説明は他書に譲ることとし，本書では税率（税額）差異分析にあたって必要な部分に限定して説明を行います。

　なお，外国法人税額については，外国税額控除ではなく損金に算入する方法も認められています。これについては3-7を参照してください。

（注1）事業税は国内事業所に帰属する国外源泉所得については課税されますが，国外支店等に帰属する所得については課税されません。

関連条文　法法69

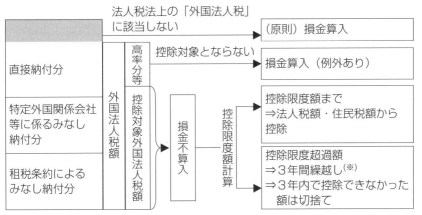

図表 I － 4 －24　外国税額控除制度の枠組み

（※）地方法人税については繰越控除なし。

ⅱ）外国税額控除制度と地方税

　外国税額控除制度は法人税と地方法人税・住民税について適用されます。事業税については損金算入方式が採用されています（後述ⅷ）参照）。

ⅲ）外国税額控除制度の対象

　外国税額控除の対象となる外国法人税額には，内国法人が直接納付した分だけでなく，租税条約によるみなし納付分，特定外国関係会社等に係るみなし納付分があります。

　租税条約によるみなし納付分，特定外国関係会社等に係るみなし納付分（特定外国関係会社等に係る控除対象外国法人税額）についてはそれ自体が税率（税額）差異要因となります。

　特定外国関係会社等に係る控除対象外国法人税額についての詳細は，1 -12を参照してください（租税条約によるみなし納付分については説明を割愛します）。

iv）外国法人税の範囲

　法人税法上の「外国法人税」の定義は，必ずしも会計上の「法人税等」の範囲と一致していません。

　たとえば，所得を課税標準として課される税であっても，税の納付後に任意で還付を請求できるものなどはこの「外国法人税」の定義から除外されています。

　したがって，損益計算書上「法人税等」に計上した外国の税金であっても，法人税法上の「外国法人税」には含まれず，外国税額控除の対象とならない場合があります。

v）控除対象とならない外国法人税額

　内国法人が納付した外国法人税額のうち，高率負担部分など一定の外国法人税額は控除対象外国法人税額から除外されます。控除対象外とされる外国法人税額の主なものとしては，以下が挙げられます。

> - 外国税額のうち所得に対する負担が高率な部分の金額
> - 外国子会社からの受取配当益金不算入の規定を受ける配当に対して課された外国税額
> - 特定外国関係会社の課税済利益からの配当として益金不算入とされる配当に対して課された外国税額

vi）控除限度額

　外国税額は，以下の算式により求められる当期控除限度額の範囲内で控除することができます。

【控除限度額算式】

$$法人税控除限度額 = 当期の全世界所得金額に対する法人税額 \times \frac{当期の国外所得金額}{当期の全世界所得金額}$$

$$地方法人税控除限度額 = 地方法人税額 \times \frac{当期の国外所得金額}{当期の全世界所得金額}$$

$$住民税控除限度額 = 法人税控除限度額 \times 住民税標準税率（または実際の住民税率）$$

　控除対象外国法人税額は，まずは，法人税の控除限度額の範囲内で法人税額から控除し，控除しきれない部分について地方法人税，ついで住民税の控除限度額の範囲内で地方法人税額・住民税額から順次控除します。

vii）控除限度超過額の繰越し

　当期控除しきれなかった控除対象外国法人税額（控除限度超過額）は繰り越されたうえで，翌期以降の3年間に発生した控除余裕額（法人税・住民税の控除限度額の合計が，その期に納付した控除対象外国法人税額を上回る額）の範囲内で控除できます（地方法人税については繰越控除制度はありません）。

　3年以内の期間に控除しきれなかった繰越限度超過額は切り捨てられます。

viii）事業税について

　事業税はその応益税としての性格により，国外支店に帰属する所得については課されません。したがって，国外支店に帰属する外国法人税額は事業税課税所得の計算上，損金になりません（＝収益も費用も認識されない）。

　一方で，国内事業所に帰属する国外所得（例：外国株式の配当や外国

法人からの受取利息など）については事業税の課税対象となります。こ
れらの国外所得に対して課された外国法人税額については，事業税の課
税所得計算上，<u>損金の額に算入されます。</u>

②　税率（税額）差異が生じるしくみ

ⅰ）当期全額控除できる場合（法人税・住民税）

　損益計算書に計上された外国税額について，すべて外国税額控除でき
るのであれば，外国税額・法人税・地方法人税・住民税を合計したとこ
ろでの税負担は外国税額の納付がない場合と同一になります。つまり，
税率（税額）差異要因とはなりません。

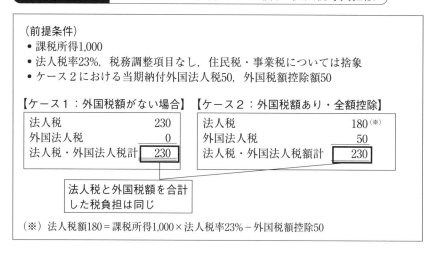

図表Ⅰ－4－25　外国税額を全額控除できる場合の法人税等負担額

（前提条件）
- 課税所得1,000
- 法人税率23%，税務調整項目なし，住民税・事業税については捨象
- ケース2における当期納付外国法人税50，外国税額控除額50

【ケース1：外国税額がない場合】

法人税	230
外国法人税	0
法人税・外国法人税計	230

【ケース2：外国税額あり・全額控除】

法人税	180（※）
外国法人税	50
法人税・外国法人税額計	230

法人税と外国税額を合計
した税負担は同じ

（※）法人税額180＝課税所得1,000×法人税率23%－外国税額控除50

ⅱ）翌期以降に全額控除できる場合（法人税・住民税）

　控除対象外国法人税額が控除限度額よりも大きく，当期控除しきれな
かった場合，それは当期の税負担を増加させる要因になるのではないか
（＝税率差異になるのではないか），と考える方もいらっしゃるかと思い
ます。

　これについては，控除しきれなかった部分（繰越控除限度超過額）について税効果が認識される場合，税率差異要因にはなりません。

　上記①vii）で説明したように，控除対象外国法人税額が当期控除しきれなかった場合，それは<u>繰越控除限度超過額として繰り越されます</u>（翌期以降3年間で控除し，控除しきれなかった金額は切り捨てられます）。

　したがって，翌期以降に繰り越される金額（繰越控除限度超過額）については，繰延税金資産を認識します（回収が見込まれる金額に限る）。

【仕訳例―繰越控除限度超過額10について繰延税金資産を計上】

> 繰延税金資産　10　／法人税等調整額　10

　繰越控除限度超過額について全額回収が見込まれる場合は，外国税額

図表Ⅰ－4－26 全額控除できる場合と控除限度超過額がある場合（全額回収見込み）の法人税等負担額

（前提条件）
- 課税所得1,000
- 法人税率23%，税務調整項目なし，住民税・事業税については捨象
- 当期納付外国法人税50
- ケース1：外国税額控除50
  ケース2：外国税額控除40，繰越控除限度超過額10（全額回収見込みあり）

【ケース1：当期全額控除】		【ケース2：外国税額控除限度超過額繰越し】	
法人税	180 (※1)	法人税	190 (※2)
外国法人税	50	外国法人税	50
法人税等調整額	0	法人税等調整額	△10 (※3)
法人税等負担額	230	法人税等負担額	230

法人税等負担額は同じ

（※1）法人税額180＝課税所得1,000×法人税率23%－外国税額控除50
（※2）法人税額190＝課税所得1,000×法人税率23%－外国税額控除40
（※3）繰越控除限度額10について繰延税金資産認識（仕訳：繰延税金資産10／法人税等調整額10）

控除しきれないことにより当期法人税等の額が増えても，その分だけ繰延税金資産が計上されることになりますから，当期法人税等負担額は，当期に全額控除ができる場合の法人税等負担額と同額になります。

つまり，税率（税額）差異要因とはなりません。

一方で，回収不能額が見込まれる場合には，税率（税額）差異が発生します。これについては3－6を参照してください。

ⅲ）事業税について

ⓐ　国外支店に帰属する控除対象外国法人税について

事業税の計算上損金に算入されることがないため，この部分について税率（税額）差異が発生することはありません。

なお，国外支店に帰属する所得が事業税の課税対象とならないことからも税率（税額）差異は発生しますが，この点については2－3を参照してください。

ⓑ　ⓐ以外の控除対象外国法人税について

控除対象外国法人税額について法人税・地方法人税・住民税の額から控除することにより二重課税が排除されているにもかかわらず，事業税の計算上損金に算入されるため，ここに税負担を減少させる方向での税率（税額）差異が発生します。

法人税等負担額への影響額は以下の算式により計算できます。

法人税等負担額への影響額 [注2]
　＝－事業税課税所得の計算上損金に算入される外国法人税額
　　　　　　　　×事業税率×（1－法定実効税率）

（注2）事業税課税所得計算の際に控除対象外国法人税額が損金算入されることによる法人税等負担額への影響額の計算。
　　　上記算式は以下の方法により求められます。

①　外国法人税損金算入による事業税増減額＝－事業税課税所得の計算上損金に算入される外国法人税額×事業税率

②　損金算入事業税額の減少による法人税・地方法人税・住民税・事業税の課税所得増減額＝①×法定実効税率

③　税額差異（①＋②）＝－事業税課税所得の計算上損金に算入される外国法人税額×事業税率×（１－法定実効税率）

（①＋②の式を整理）

iv）設　例

以下に，控除対象外国法人税額の損金算入（事業税）がある場合の税額差異分析について，簡単な設例を用いて示します。

設例6　控除対象外国法人税額の損金算入（事業税）がある場合の税額差異分析

1　前提条件

- 税引前当期純利益10,000
- 損益計算書上の法人税等に含まれる外国税額＝控除対象外国税額1,000
- 他に税務調整項目なし
- 期首一時差異なし，事業税中間納税なし
- 法人税率23.2%，地方法人税率10.3%，住民税率10.4%，事業税率3.78%，法定実効税率30.625%
- 外国税額は全額，法人税額から控除できる。
- 事業税課税所得の計算上，外国税額は損金算入される。

❷　当期法人税等負担額（法人税等＋法人税等調整額）の額の計算

法人税課税所得計算
　課税所得金額　　　　　　　　　　　　　　　　　　　　　　10,000　①
法人税額
　課税所得×法人税率　　　　　①×23.2%　　　　　　　　　2,320　②
　外国税額控除　　　　　　　　前提条件より　　　　　　　　1,000　③
　法人税額　　　　　　　　　　②－③　　　　　　　　　　　1,320　④
地方法人税額
　地方法人税課税標準　　　　　②　　　　　　　　　　　　　2,320　⑤
　地方法人税額　　　　　　　　⑤×10.3%　　　　　　　　　　239　⑥
住民税額
　住民税課税標準　　　　　　　②　　　　　　　　　　　　　2,320　⑦
　住民税額　　　　　　　　　　⑦×10.4%　　　　　　　　　　241　⑧
事業税（特別法人事業税を含む）の額
　事業税課税標準　　　　　　　①－1,000　　　　　　　　　9,000　⑨
　事業税額　　　　　　　　　　⑨×3.78%　　　　　　　　　　340　⑩
国内法人税等の額　　　　　　　④＋⑥＋⑧＋⑩　　　　　　2,140　⑪
外国法人税の額　　　　　　　　　　　　　　　　　　　　　1,000　⑫
損益計算書　法人税等の額　　　⑪＋⑫　　　　　　　　　　3,140　⑬
法人税等調整額
　未払事業税×法定実効税率　　－（⑩×法定実効税率）　　△104　⑭
　法人税等・法人税等調整額合計　⑬＋⑭　　　　　　　　　3,036　⑮

❸　税額をベースとした差異分析

(1)　差異要因による法人税等負担額への影響額

内　　容	課税所得計算上加算された額	法人税等負担額に与える影響
外国法人税損金算入（事業税） 《算式》 －控除対象外国法人税額1,000×事業税率3.78%×（1－法定実効税率30.625%）		△ 26
計		△ 26

(2)　あるべき法人税等負担額

①	差異要因による法人税等負担額への影響額（(1)より）	△ 26
②	法人税等理論値（税引前当期純利益×法定実効税率）	3,062
	計	3,036

(3)　検　証

① 損益計算書上の法人税等負担額合計（上記2⑮より）	3,036
② あるべき法人税等負担額（上記(2)）	3,036
①－②	0

法人税等負担率は適正に計上されている

　損益計算書上，法人税等に計上された外国税額の全額が当期に控除または翌期以降に控除される場合には，事業税に係る税率（税額）差異のみが発生します。

　一方で，図表Ⅰ－4－27の場合には税率（税額）差異が発生します。これらの税率（税額）差異についてはそれぞれ図表Ⅰ－4－27右欄に記載の項にて説明します。

　また，外国税額控除の計算フローに沿う形で，参照すべき項を図表Ⅰ－4－28にてYES／NOチャート形式で整理しましたのでご確認ください。

図表Ⅰ－4－27　外国税額控除を採用している場合の税率（税額）差異

税率（税額）差異が発生するケース	参照項
事業税の課税所得計算上，外国税額が損金算入	本項
損益計算書上法人税等に計上された外国税額の一部または全部が控除対象外国法人税額に該当しない場合	3－5
繰越控除限度超過額について，全額の回収が見込まれない場合	5－1
繰越控除限度超過額について，控除できずに切り捨てられた場合	3－6

図表Ⅰ－4－28 外国税額控除に関連する税率差異

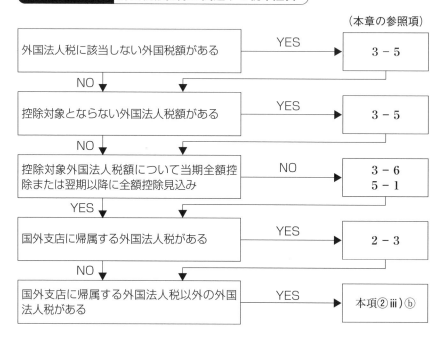

③ どこで**数値を把握する**か

　外国税額控除額は法人税申告書別表六（二）^{（注3）}にて計算され，別表一（一）^{（注4）}に転記されます。

　外国税額控除に関連する差異要因のうち，本項で説明した「事業税の計算上損金算入した控除対象外国法人税額」については地方税申告書第六号様式の「所得金額の計算」にある「外国の事業に帰属する所得以外の所得に課された外国法人税額」欄に記載されます。

　これ以外の外国税額控除に関する税率（税額）差異要因の申告書上の表示場所についてはそれぞれの項にて説明していますので，そちらをご参照ください。

（注3）別表六（二）
「内国法人の外国税額の控除に関する明細書」

（注4）別表一（一）
「各事業年度の所得に関する申告書（―内国法人の分）」

3－5　外国税額控除―控除対象とならない外国税額　　頻度：★

①　概　要

　3－4にて説明したように，当期納付した外国の税金について，そのすべてが外国税額控除の対象となるわけではありません。

　具体的には，①法人税法上の「外国法人税」の定義に合致しないもの，②外国法人税の定義には合致するが税率が高率な部分，③益金不算入とされた外国子会社の受取配当に係る外国源泉税，などについては外国税額控除の対象とされません。

　これら控除の対象とならなかった外国の税金（以下「控除対象外外国税額」とします）は，原則として法人税課税所得の計算上損金の額に算入されます（上記③の外国源泉税については損金不算入）。

　なお，法人税課税所得計算上損金算入される外国税額であっても，国外支店に帰属するものについては事業税課税所得の金額の計算上損金の額に算入されません。

関連法令　法法69，法令141・142の2

②　税率（税額）差異が発生するしくみ

ⅰ）国外支店に帰属する外国税額以外の外国税額（後述ⅲ）を除く

　外国税額について外国税額控除の対象とすることができない場合，所得に対して外国で税金を支払っているにもかかわらず，日本でも法人税を課されることになるため二重課税が発生し，外国税額分だけ税負担が増加します。一方で，外国税額について課税所得の計算上損金に算入されるわけですから，これは税負担に対して減少方向での影響を与えます。具体的には控除対象とならない外国税額に法定実効税率を乗じた分だけ

税負担額が減少します。

　これら2つの要素により発生する税負担増（法人税等負担額への影響額）を算式で示すと以下のようになります。

> 控除対象外外国税額による法人税等負担額への影響額
> 　＝控除対象外外国税額－控除対象外外国税額×法定実効税率
> （式を整理すると）
> 　＝控除対象外外国税額×（1－法定実効税率）

　したがって，税率（税額）差異分析手続においては，この算式によって求めた数値をもって，第2章で説明した税率（税額）差異分析シートの「法人税等負担額への影響額」に記載します。

ⅱ）国外支店に帰属する外国税額（後述ⅲ）を除く）

　外国事業（以下「国外支店」として記載）に帰属する外国税額については事業税の課税標準の計算上損金の額に算入されません。

　したがって，控除対象外外国税額のうち国外支店に帰属する部分の金額に係る税額差異を計算するには，上記ⅰ）の算式の「法定実効税率」の部分を事業税を除外したところでの税率に修正する必要があります。

　法人税と地方法人税・住民税の合計税率は法人税率×（1＋地方法人税率＋住民税率）として表すことができるので，上記ⅰ）の算式は以下のように修正されます。

> 控除対象外外国税額による法人税等負担額への影響額
> 　＝控除対象外外国税額×（1－法人税率×（1＋地方法人税率＋住民税率））

　したがって，税率（税額）差異分析手続においては，この算式によって求めた数値をもって，第2章で説明した税率（税額）差異分析シートの「法人税等負担額への影響額」に記載します。

iii）益金不算入となる外国子会社配当に係る外国源泉税

　外国子会社からの配当の益金不算入規定の適用がなされる配当に係る外国源泉税の額は，外国税額控除の対象にならないとともに損金の額にも算入されません。したがって，配当益金不算入により税負担が軽減される一方，外国税額が控除対象にも損金算入にもならないことにより外国源泉税額分だけ負担が増加します。

　前者による法人税等負担額への影響については1－4にて説明していますのでそちらを参照してください。

　後者による法人税等負担額への影響額は次のとおりとなります。

> 益金不算入外国子会社配当に係る外国源泉税による法人税等負担額への影響額＝外国源泉税額

　したがって，税率（税額）差異分析手続においては，この算式によって求めた数値を第2章で説明した税率（税額）差異分析ワークシートの「法人税等負担額への影響額」に記載します。

③　どこで数値を把握するか

　当期納付した「外国法人税額」のうち外国税額控除の対象となる金額は，別表六（二の二）^(注)の1欄および2欄に記入されます。したがって，当期納付した外国税額と別表六（二の二）1欄および2欄の合計額との差額が控除対象外外国税額となります。

　（注）別表六（二の二）
　「当期の控除対象外国法人税額又は個別控除対象外国法人税額に関する明細書」

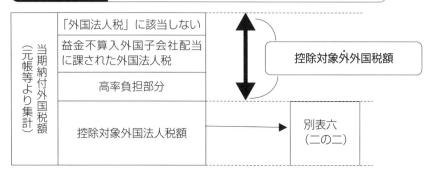

図表Ⅰ－4－29　控除対象外外国税額の法人税申告書上の記載箇所

参考

会計上，未払外国法人税額を認識した場合

　損益計算書上の法人税等の額に，当期未払である外国税額が含まれている場合，税効果会計上および税率（税額）差異分析上の取扱いは複雑になります。ただし，海外に支店等を有していない場合，発生する外国税額の多くが源泉税であり，未払外国法人税が認識されるケースはあまり多くはありません。このため，本書では未払外国法人税額がある場合の税効果および税率差異についての説明は割愛します。

3－6　外国税額控除─繰越控除限度超過額切捨て　頻度：★★

① 概　要

　外国税額控除の計算において控除対象外国法人税額が控除限度額より大きい場合，控除限度超過額については繰り越したうえで，翌期以降の3年間に発生した控除余裕額の範囲内で控除できます。3年以内の期間に控除しきれなかった繰越控除限度超過額は切り捨てられます。

②　税率（税額）差異が発生するしくみ

控除対象外国法人税額が控除しきれずに切り捨てられる場合，結果として同一の所得について外国と日本で税金を課される二重課税が発生，切り捨てられた外国税額分だけ税負担が増加します。

ｉ）評価性引当額が計上されていなかった場合

会計上，外国税額繰越控除限度超過額につき，実現が見込まれるものとして繰延税金資産を計上していた場合において，これが期限切れとなってしまった場合には，切り捨てられた繰越控除限度超過額に対応する繰延税金資産が取り崩されます。この際，繰延税金資産の相手勘定は法人税等調整額となります。

税引前当期純利益の金額と直接連動することなく，法人税等調整額が計上されるわけですから，ここに税率（税額）差異が発生します。

図表Ｉ－４－30　繰越控除限度超過額の切捨て

【会計上の仕訳】

法人税等調整額　××　／　繰延税金資産　××

【損益計算書（一部）－イメージ】

税引前当期純利益	0
法人税等	0
法人税等調整額	△100
法人税等合計	100
当期純利益	△100

税引前当期純利益・法人税等ともに0であっても繰延税金資産の取崩し分だけ法人税等負担額が発生する。

したがって，繰越控除限度超過額切捨てに伴い取り崩された繰延税金資産の額がすなわち税額差異（法人税等負担額への影響額）となります。

> 繰越控除限度超過額切捨て（繰延税金資産取崩し）による法人税
> 　等負担額への影響額
> 　＝（繰越控除限度超過額切捨てに伴う）繰延税金資産取崩額

ⅱ）評価性引当額が計上されていた場合

前期末においてすでに評価性引当額が計上されていた場合，外国法人税の繰越控除限度超過額の切捨てによる繰延税金資産取崩しに伴い，評価性引当額も取り崩されます。

実際の仕訳は，繰越控除限度超過額切捨てによる一時差異等に係る税効果額の減少と，繰延税金資産に係る評価性引当額取崩しの両者を相殺した純額で行うことが多いようです。

このような場合も，繰越控除限度超過額切捨てによる一時差異等に係る税効果額の減少と評価性引当額の減少をそれぞれ把握することによって，税率差異分析が可能です（また，両者を把握する方法のほうがミスも少ないようです）。

評価性引当額計上・取崩しによる税率（税額）差異については5－1を参照してください。

ⅲ）数値例

控除対象外国法人税額の繰越控除限度超過額の切捨てがある場合の税率（税額）差異分析の流れは，繰越欠損金の切捨てがある場合の税率（税額）差異分析の流れと同様ですので，5－2「繰越欠損金の期限切れ」の②ⅲ）設例を参考にしてください。

③　どこで数値を把握するか

繰越控除限度超過額は繰延税金資産計算ワークシートにて管理しているケースが多いので，同ワークシート上で切捨てとなった繰越控除限度

```
┌─────────────┐
│ 図表Ⅰ-4-31 │ 評価性引当額の計上・取崩しと繰越控除限度超過額
└─────────────┘ 切捨てに伴う法人税等調整額の動き
```

（前提条件）

① 過去に発生した繰越控除限度超過額100についてX1期末に評価性引当額
　計上

| 法人税等調整額　100　／　繰延税金資産（評価性引当額）　100 |

② X2期末に繰越控除限度超過額100の切捨て⇒繰延税金資産を減額

| 法人税等調整額　100　／　繰延税金資産　100 |

③ X2期末にX1期に計上した評価性引当額を取崩し

| 繰延税金資産（評価性引当額）　100　／　法人税等調整額　100 |

＜法人税等調整額勘定＞

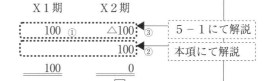

	X1期	X2期	
評価性引当額計上・取崩し	100 ①	△100 ③	5-1にて解説
繰越控除限度超過額切捨て		100 ②	本項にて解説
法人税等調整額計	100	0	

| 繰越控除限度超過額切捨てと評価性引当額取崩しで法人税等調整額へのインパクトは減殺される。 |

| 本書では，減殺後の純額の効果に注目するのではなく，繰延税金資産に係る評価性引当額取崩しをマイナスの税額差異要因，繰越控除限度超過額切捨てに伴う繰延税金資産取崩しをプラスの税額差異要因としてそれぞれを把握する方法を採用している。 |

超過額を把握できる場合も多いでしょう。

　法人税申告書上は，繰越控除限度超過額の当期使用額，翌期繰越額は別表六（三）^(注1)に記載されます^(注2)。別表六（三）上，法人税・住民税の繰越控除限度超過額は発生年度別に管理され，繰越控除限度超過額の

発生事業年度ごとに，前期繰越額（④欄）・当期使用額（⑤欄）・翌期繰越額（⑥欄）が記載されます（図表Ⅰ－4－32参照）。

　このうち，翌期繰越額（⑥欄）に斜線が引かれている事業年度の 前期繰越額（④欄）と当期使用額（⑤欄）の差額が，当期末において切り捨てられた繰越控除限度超過額です。

（注1）別表六（三）

「外国税額の繰越控除余裕額又は繰越控除限度超過額等の計算に関する明細書」

（注2）地方税申告書第七号の二様式別表一，第二十号の四様式別表一（控除余裕額又は控除限度額を超える外国税額の計算に関する明細書）にも繰越控除限度超過額等に関する情報がある。

図表Ⅰ－4－32　別表六（三）（一部抜粋）

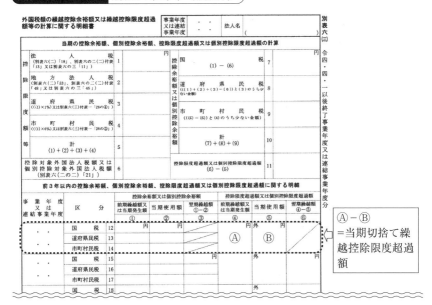

3 - 7 　損金算入外国法人税　　　　　頻度：★★

①　概　要

3 - 4で説明したように，法人税法上，法人が納付した外国法人税（外国源泉税を含む）については①外国税額控除と②損金算入方式のいずれかを選択することができます。

前者が税額控除で後者は損金算入ですから，外国税額控除を採用したほうが有利になるように思えますが，必ずしもそうではありません。たとえば当面欠損が発生し続けるような場合，繰越期間である3年内に外国税額控除の控除枠が発生しない可能性もあります。一方，損金算入方式を選択すると，欠損金として10年間繰り越せます。

このように，課税所得（欠損）や国外所得の水準によって損金算入方式のほうが外国税額控除方式より有利となることがあるので，損金算入方式が採用されるケースも多くあります。

なお，事業税の課税所得計算においては，国外支店に帰属する外国法人税額は損金に算入されません。

②　税率（税額）差異が発生するしくみ

ⅰ）国外支店に帰属する外国法人税以外

外国法人税額について損金算入方式を採用した場合には，外国税額控除方式を採用した場合と異なり二重課税が完全には排除されませんので，法人税等負担額は理論値より大きくなります。法人税等負担額への影響は，以下の2つの要素から構成されます。

- 外国法人税額が税額控除されないことによる税負担増
  （＝外国法人税額）
- 外国税額が損金算入されることによる税負担減
  （＝損金算入外国法人税額×法定実効税率）

上記2つの要素を合計したものが外国法人税を損金算入することによ

り発生する法人税等負担額への影響額（＝税額差異）となります。

> 損金算入外国法人税による法人税等負担額への影響額
> 　＝損金算入外国法人税額－損金算入外国法人税額×法定実効税率
> 　（式を整理すると）
> 　＝損金算入外国法人税額×（１－法定実効税率）

　したがって，税率（税額）差異分析作業においては，この算式によって求めた数値をもって，第２章で説明した税率（税額）差異分析ワークシートの「法人税等負担額への影響額」に記載します。

ⅱ）国外支店に帰属する外国法人税額

　国外支店に帰属する外国税額については事業税の課税標準の計算上損金の額に算入されません。
　したがって，控除対象外外国税額のうち国外支店に帰属する部分の金額に係る税額差異を計算するには，上記ⅰ）の算式の「法定実効税率」の部分を事業税を除外したところでの税率に修正する必要があります。
　法人税と地方法人税・住民税の合計税率は法人税率×（１＋地方法人税率＋住民税率）として表すことができるので，上記ⅰ）の算式は以下のように修正されます。

> 損金算入外国法人税による法人税等負担額への影響額
> 　＝損金算入外国法人税額×（１－法人税率（１＋地方法人税率＋
> 　　住民税率））

　したがって，税率（税額）差異分析作業においては，この算式によって求めた数値をもって，第２章で説明した税率（税額）差異分析ワークシートの「法人税等負担額への影響額」に記載します。

iii）設　例

以下に，損金算入外国法人税がある場合における税額差異分析について，簡単な設例を用いて示します。

設例7　損金算入外国法人税があるケース

1　前提条件

- 税引前当期純利益10,000
- 外国法人税額1,000（損金算入）
- 他に税務調整項目なし
- 期首一時差異の額なし，事業税中間納付なし
- 国外に支店を有さない。
- 法人税率23.2％，地方法人税率10.3％，住民税率10.4％，事業税率3.78％，法定実効税率30.625％

2　当期法人税等負担額（法人税等＋法人税等調整額）の額の計算

法人税課税所得計算
　税引前当期利益　　　　　　　　　　　　　　　　　　10,000　①
　外国法人税額（損金算入）　　　　　　　　　　　　　1,000　②
　課税所得金額　　　　　　　　　　　　　　　　　　　9,000　③
法人税額
　課税所得×法人税率　　　　　③×23.2％　　　　　　2,088　④
地方法人税額
　地方法人税課税標準　　　　　④　　　　　　　　　　2,088　⑤
　地方法人税額　　　　　　　　⑤×10.3％　　　　　　　215　⑥
住民税額
　住民税課税標準　　　　　　　④　　　　　　　　　　2,088　⑦
　住民税額　　　　　　　　　　⑦×10.4％　　　　　　　217　⑧
事業税額
　事業税課税標準　　　　　　　③　　　　　　　　　　9,000　⑨
　事業税額　　　　　　　　　　⑨×3.78％　　　　　　　340　⑩
国内法人税等の額　　　　　　　④＋⑥＋⑧＋⑩　　　　2,860　⑪
外国法人税の額　　　　　　　　　　　　　　　　　　1,000　⑫
損益計算書　法人税等の額　　　⑪＋⑫　　　　　　　　3,860　⑬
法人税等調整額
　未払事業税×法定実効税率　　－（⑩×法定実効税率）　△ 104　⑭
法人税等・法人税等調整額合計　⑬＋⑭　　　　　　　　3,756　⑮

3　税額をベースとした差異分析

(1)　税額差異の集計

内　容	課税所得計算上 加算された額	法人税等負担額 に与える影響
外国法人税損金算入額 損金算入外国法人税額(1,000) × （1 − 30.625%）		694
計		694

(2)　あるべき法人税等負担額

①	差異要因による法人税等負担額への影響額　((1)より)	694
②	法人税等理論値（税引前当期純利益×法定実効税率）	3,062
	計	3,756

(3)　検　証

①	損益計算書上の法人税等負担額合計（上記2⑮）	3,756
②	あるべき法人税等負担額（上記(2)）	3,756
	①−②	0

法人税等負担額は適正に計上されている

③　どこで数値を把握するか

　会計上，当期法人税等の額に計上した外国法人税の額は，「法人税等」勘定より確認します。このうち，損金算入された金額については別表四にて把握することができます。

　なお，損金算入外国法人税の額は別表五(二)「租税公課の納付状況等に関する明細書」にも記載しますが，他の税目と一括記載したりすることもありますので，会計数値と別表四から把握する方法のほうが確実です。

4　当期発生法人税等の額以外

4-1 会計上の未払法人税額と実際の 納付額の差異，過年度法人税等　頻度：★★

① 概　要

　会計上の当期の「法人税等」勘定に，当期発生の法人税等の額（実額）以外の金額が含まれることがあります。

　具体的には以下のようなものがあります。

【「法人税等の額」に含まれることのある当期発生法人税等以外の項目】

- 前年度以前の会計上の未払法人税額と実際の納付額の差異
- 延滞税などの附帯税^(注)
- 税務調査等により追加的に納付することとなった，過年度に対応する法人税等（あるいは，還付金）^(注)

（注）税務調査等の実施に伴い過去の法人税等の追加納付／還付が行われた場合における当該追加納付（還付）法人税等の額の取扱いは次のとおりとなります（企業会計基準第24号「会計方針の開示，会計上の変更及び誤謬の訂正に関する会計基準」55，35）。

　（i）　未払法人税等の計上時において入手可能な情報に基づき最善の見積りを行ったにもかかわらず追加納付（還付）が発生した場合→追加納付（還付）が確定した事業年度の法人税等の額として計上

　（ii）　追加納付（還付）が未払法人税等の計上時の見積り誤りに起因する場合→原則として税金費用計上時の財務諸表を修正再表示（ただし，重要性が考慮される）

　　　上記(ii)のように，法人税等の追加納付（還付）金額が，過去の財務諸表の修正再表示の方法により認識された場合には，当該法人税等の額は当期の法人税等負担額に含まれませんので，当期の税率（税額）差異要因とはなりません。

② 税率（税額）差異の生じるしくみ

法人税等に計上された上記の金額は，税引前当期純利益とは連動するものではないため，税率（税額）差異要因となります。

③ どこで数値を把握するか

「法人税等」勘定に含まれる当期法人税等の額以外の金額は，法人税等の額の勘定の内容を確認することにより把握できます。具体的には，勘定分析表等を作成して，当期法人税等勘定の内容を分析し，当期発生法人税等の額とそれ以外のものとに峻別します。これらの金額は当期法人税等負担額に直接影響を与えますので，当該金額をもって第2章で説明した税率（税額）差異分析ワークシート「法人税等負担額への影響」の欄に記載します。

5　法人税等調整額

5-1 評価性引当額の増減　　頻度：★★★

① 概　要

繰延税金資産として貸借対照表に計上される額は，将来減算一時差異等が将来納付税額を軽減する効果が実現すると合理的に見積もられる範囲内に限られます。

したがって，将来減算一時差異等が将来の会計期間において回収が見込まれない金額については，繰延税金資産の額から控除します。この控除される金額を一般に「評価性引当額」と称します。貸借対照表上は評価性引当額控除後の純額にて繰延税金資産が表示されます。

上述のように，評価性引当額計上の相手勘定は法人税等調整額となります（以下に述べる純資産の部への直入分を除く[注]）。

（注）その他有価証券評価差額金など，繰延税金資産の相手勘定が直接純資産の
部に計上される場合における，当該評価差額に係る繰延税金資産の修正差額は
評価差額に加減して処理されます（税効果適用指針9⑴, 11）。つまり，法人
税等調整額には計上されません。

図表Ｉ－４－33 評価性引当額の計上例

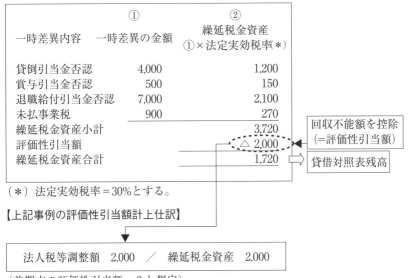

一時差異内容	① 一時差異の金額	② 繰延税金資産 ①×法定実効税率(＊)
貸倒引当金否認	4,000	1,200
賞与引当金否認	500	150
退職給付引当金否認	7,000	2,100
未払事業税	900	270
繰延税金資産小計		3,720
評価性引当額		△ 2,000
繰延税金資産合計		1,720

回収不能額を控除
（＝評価性引当額）

貸借対照表残高

（＊）法定実効税率＝30％とする。

【上記事例の評価性引当額計上仕訳】

法人税等調整額　2,000	/	繰延税金資産　2,000

（前期末の評価性引当額＝0と想定）

【参考：その他有価証券評価差額金に係る繰延税金資産・評価性引当額の計上】
繰延税金資産計上時

その他有価証券評価差額金 （純資産の部）	××	投資有価証券	××
繰延税金資産	××		

評価性引当額計上時

その他有価証券評価差額金 （純資産の部）	××	繰延税金資産	××

②　税率（税額）差異が生じるしくみ

　上述①の仕訳からわかるように，繰延税金資産に係る評価性引当額の相手勘定は法人税等調整額です（その他有価証券評価差額金などの純資産の部直入分を除く）。税引前当期純利益の金額と直接連動することなく，法人税等調整額が追加的に計上・取崩しされるわけですから，税率（税額）差異の発生要因となります。

　当期の繰延税金資産に係る評価性引当額の増減額のうち，その他有価証券評価差額金などの純資産の部直入分に係る部分以外の金額が，当期法人税等負担額への影響額となります。

> 評価性引当額計上・取崩しに伴う法人税等負担額への影響額
> 　＝繰延税金資産に係る評価性引当額の増減額
> 　（その他有価証券評価差額金などの純資産の部直入分を除く）

　したがって，税率（税額）差異分析作業においては，この算式によって求めた数値をもって，第2章で説明した税率（税額）差異分析シートの「法人税等負担額への影響額」に記載します。

　なお，繰越欠損金期限切れ，外国法人税繰越控除限度超過額の期限切れに伴う税率（税額）差異については，5－2，3－6を参照してください。

③　どこで数値を把握するか

　会計上の仕訳から発生する税率（税額）差異ですので，当期評価性引当額の計上・取崩しの仕訳およびその基礎資料（繰延税金資産計算ワークシート）を確認することにより，数値を把握することができます。

5−2　繰越欠損金の期限切れ　　　　頻度：★★

①　概　要

　法人税法上の青色欠損金は，10年間 [注1] 繰り越すことができますが，10年間で使用しきれなかった青色欠損金は切り捨てられます。事業税法上の繰越欠損金についても同様です [注2]。

（注1）平成30年4月1日前開始事業年度に生じた欠損金については9年

（注2）事業税の繰越欠損金：法人税の青色欠損金と事業税の繰越欠損金は必ず
　　　しも同額になるわけではありません。国外に事業所がある場合や，外国税額の
　　　納付がある場合などには，法人税と事業税の課税所得（損失）の額は異なりま
　　　すから，欠損金の額も異なります。法人税と事業税の繰越欠損金が同額あるい
　　　はほぼ同額である場合には，法人税の欠損金額に法定実効税率を乗ずることに
　　　より繰延税金資産を求めますが，法人税と事業税の繰越欠損金額が大幅に異な
　　　る場合には，別々に繰延税金資産を求めます。以下では法人税と事業税の繰越
　　　欠損金が同額あるいはほぼ同額であるケースを前提に説明を行います。

　　　　グループ通算制度を適用している場合：グループ通算制度を適用している場
　　　合，事業税・住民税と，法人税とで異なる金額の欠損金を認識することとなり
　　　ますが，本書は単体納税を前提としているため，詳細な説明については他書に
　　　譲ります（概要については補論（p.143〜）を参照）。

②　税率（税額）差異が発生するしくみ

ⅰ）評価性引当額の計上がない場合

　はじめに，繰延税金資産に対して評価性引当額が計上されていない状況で，繰越欠損金が期限切れとなり，繰延税金資産を取り崩した場合について説明します [注3]。

（注3）評価性引当額について

　　会計上，毎期末において繰延税金資産の回収可能性を見直します。したがって，
　　期限切れが見込まれる欠損金に対応する繰延税金資産については評価性引当額が
　　計上されていることが多くあります。評価性引当額が計上されていた場合の取扱
　　いについては後述ⅱ）を参照してください。

　繰越欠損金の期限切れに伴い，これに対応する繰延税金資産は取り崩

されます。この際，繰延税金資産の相手勘定は法人税等調整額となります。

　税引前当期純利益の金額と直接連動することなく，法人税等調整額が計上されるわけですから，ここに税率（税額）差異が発生します。

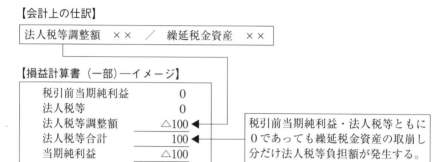

図表Ⅰ－4－34　繰越欠損金の期限切れ

【会計上の仕訳】

法人税等調整額　××　／　繰延税金資産　××

【損益計算書（一部）—イメージ】

税引前当期純利益	0
法人税等	0
法人税等調整額	△100
法人税等合計	100
当期純利益	△100

税引前当期純利益・法人税等ともに0であっても繰延税金資産の取崩し分だけ法人税等負担額が発生する。

　したがって，繰越欠損金期限切れに伴い取り崩された繰延税金資産の額がすなわち法人税等負担額への影響額（税額差異）となります。

> 繰越欠損金期限切れ（繰延税金資産取崩し）による法人税等負担額への影響額
>
> 　＝（繰越欠損金期限切れに伴う）繰延税金資産取崩額

　したがって，税率（税額）差異分析作業においては，この算式によって求めた数値をもって，第2章で説明した税率（税額）差異分析ワークシートの「法人税等負担額への影響額」に記載します。

ⅱ）評価性引当額が計上されていた場合

　前期末においてすでに評価性引当額が計上されていた場合，繰越欠損金の期限切れによる一時差異等に係る税効果額の減少（繰延税金資産取崩し）に伴い，評価性引当額も取り崩されます。実際の仕訳は，繰越欠

損金期限切れによる一時差異等に係る税効果額の減少（繰延税金資産取崩し）と，繰延税金資産評価性引当額取崩しの両者を相殺した純額で行うことが多いようです。

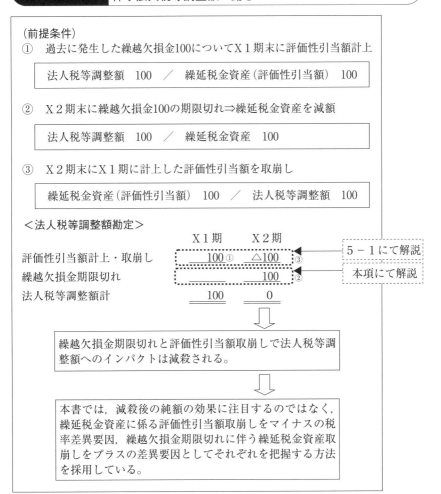

| 図表Ⅰ−4−35 | 評価性引当額の計上・取崩しと繰越欠損金期限切れに伴う法人税等調整額の動き |

（前提条件）
① 過去に発生した繰越欠損金100についてX1期末に評価性引当額計上

　　法人税等調整額　100　／　繰延税金資産（評価性引当額）　100

② X2期末に繰越欠損金100の期限切れ⇒繰延税金資産を減額

　　法人税等調整額　100　／　繰延税金資産　100

③ X2期末にX1期に計上した評価性引当額を取崩し

　　繰延税金資産（評価性引当額）　100　／　法人税等調整額　100

＜法人税等調整額勘定＞

	X1期	X2期	
評価性引当額計上・取崩し	100①	△100	③ ← 5−1にて解説
繰越欠損金期限切れ		100	② ← 本項にて解説
法人税等調整額計	100	0	

繰越欠損金期限切れと評価性引当額取崩しで法人税等調整額へのインパクトは減殺される。

本書では，減殺後の純額の効果に注目するのではなく，繰延税金資産に係る評価性引当額取崩しをマイナスの税率差異要因，繰越欠損金期限切れに伴う繰延税金資産取崩しをプラスの差異要因としてそれぞれ把握する方法を採用している。

このような場合も，繰越欠損金の期限切れによる一時差異等に係る税

効果額の減少と評価性引当額の増減を**それぞれ把握**することによって，税率（税額）差異分析ができます（純額を把握する方法でも分析は可能ですが，両者を把握する方法のほうがミスは少ないようです）。

　評価性引当額計上・取崩しによる税率（税額）差異については5－1を参照してください。

ⅲ）設 例

　以下に，繰越欠損金の期限切れがある場合における税額差異分析について，簡単な設例を用いて示します。

設例8	繰越欠損金の期限切れに伴う繰延税金資産取崩しの税額差異分析（評価性引当額の計上あり）

1　前提条件

税引前当期純利益（＝欠損金控除前課税所得）	2,000
期首繰越欠損金額	10,000
当期末期限切れとなる繰越欠損金額	9,000
期末繰越欠損金額	0
期首繰延税金資産	
評価性引当額計上前（10,000×法定実効税率30.625%）	3,062
評価性引当額 (注)	△919
繰延税金資産（純額）	2,144
期末繰延税金資産	0

(注) 前期末において合理的に見積もられた評価性引当額。

- 他に税務調整項目なし
- 期首一時差異の額なし，事業税中間納付なし
- 法人税率23.2%，地方法人税率10.3%，住民税率10.4%，事業税率3.78%，法定実効税率30.625%
- 欠損金の控除金額は所得の50%相当を上限とする

2　法人税等負担額の計算

法人税課税所得計算
　税引前当期純利益（＝欠損金控除前課税所得）　　　　　　　2,000　①
　欠損金控除　　　　　　　　　①×50%　　　　　　　　　　1,000　②
　課税所得金額　　　　　　　　①－②　　　　　　　　　　　1,000　③
法人税額
　課税所得×法人税率　　　　　③×23.2%　　　　　　　　　　232　④
地方法人税額
　地方法人税課税標準　　　　　④　　　　　　　　　　　　　　232　⑤
　地方法人税額　　　　　　　　⑤×10.3%　　　　　　　　　　　24　⑥
住民税額
　住民税課税標準　　　　　　　④　　　　　　　　　　　　　　232　⑦
　住民税額　　　　　　　　　　⑦×10.4%　　　　　　　　　　　24　⑧
事業税額
　事業税課税標準　　　　　　　③　　　　　　　　　　　　　1,000　⑨
　事業税額　　　　　　　　　　⑨×3.78%　　　　　　　　　　　38　⑩
国内法人税等の額　　　　　　　④＋⑥＋⑧＋⑩　　　　　　　　318　⑪
法人税等調整額
　未払事業税×法定実効税率　　－（⑩×法定実効税率）　　　△ 12　⑫
　繰延税金資産増減（前提条件より）　　　　　　　　　　　　2,144　⑬
　計　　　　　　　　　　　　　⑫＋⑬　　　　　　　　　　　2,132　⑭
法人税等・法人税等調整額合計　⑪＋⑭　　　　　　　　　　　2,450　⑮

3　差異分析（税額による）

(1)　差異要因による法人税等負担額への影響額

内　　容	課税所得計算上加算された額	法人税等負担額に与える影響
評価性引当額増減＝期末評価性引当額0 －期首評価性引当額919		△ 919
欠損金期限切れ（9,000×法定実効税率）		2,756
計		1,837

(2)　あるべき法人税等負担額

①	差異要因による法人税等負担額への影響額（(1)より）	1,837
②	法人税等理論値（税引前当期純利益×法定実効税率）	612
	計	2,450

(3)　検　証

①	損益計算書上の法人税等負担額合計（上記2⑮）	2,450
②	あるべき法人税等負担額（上記(2)）	2,450
	①－②	0

法人税等負担額は適正に計上されている

③　どこで数値を把握するか

　繰越欠損金は繰延税金資産計算ワークシートにて管理しているケースが多いので，同ワークシート上で当期期限切れとなった繰越欠損金を把握できる場合も多いでしょう。

　法人税申告書上は，繰越欠損金の額は別表七（一）^{（注4）（注5）}に記載されます。別表七（一）上，青色欠損金は発生事業年度別に記載され，損金算入期限が当期までの青色欠損金については翌期繰越額の欄が斜線になっています。したがって，この行の控除未済欠損金額（1欄）から当期控除額（2欄）を差し引いたものが，当期で切り捨てられる欠損金となります。

（注4）別表七（一）
「欠損金又は災害損失金の損金算入等に関する明細書」
（注5）事業税繰越欠損金
　　上述①概要の（注2）にて述べたように，国外に事業所を有する場合など，法人税と事業税の繰越欠損金額が異なり，繰延税金資産の計算上，法人税・事業税の繰越欠損金額を別々に計算しているケースがあります。この場合には，法人税の繰越欠損金の期限切れのほかに，事業税の繰越欠損金額の期限切れについても確認が必要となります。事業税欠損金額は地方税第六号様式別表九に記載されています。

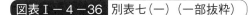

図表Ⅰ－4－36 別表七（一）（一部抜粋）

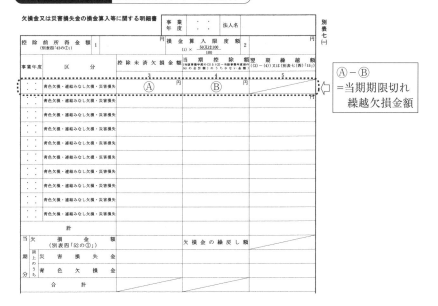

5 － 3 　税率変更に伴う繰延税金資産取崩し／積増し　　頻度：★

①　概　要

　税効果会計に適用される税率が変更された場合には，決算日現在における改正後の税率を用いて当期首における繰延税金資産および繰延税金負債の金額を修正します。税率の変更が行われた結果生じた繰延税金資産および繰延税金負債の修正差額は，損益計算書上，税率変更に係る改正税法が公布された日を含む年度の法人税等調整額に加減して処理することとされています^(注)。

　　（注）資産または負債の評価替えにより生じた評価差額が直接純資産の部に計上される場合においては，当該評価差額に係る繰延税金資産および繰延税金負債の金額を修正したときは，修正差額を評価差額に加減して処理します。

図表Ⅰ－4－37　繰延税金資産の税率変更による積増しの例

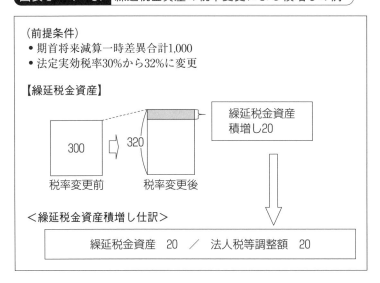

（前提条件）
• 期首将来減算一時差異合計1,000
• 法定実効税率30%から32%に変更

【繰延税金資産】

300　税率変更前　⇒　320　税率変更後　繰延税金資産積増し20

＜繰延税金資産積増し仕訳＞

繰延税金資産　20　／　法人税等調整額　20

②　税率（税額）差異が生じるしくみ

　上述のように，税率変更が行われると，これに対応して繰延税金資産・負債の修正が行われ，その繰延税金資産・負債の増減額に対応する法人税等調整額が損益計算書に計上されます（①概要の（注）の純資産の部直入分を除く）。

　税引前当期純利益の金額に直接関係なく法人税等調整額が計上されるわけですから，ここに税率（税額）差異が発生します。

　税率変更に伴い積み増された繰延税金資産の額（法人税等調整額に計上された額）をもって，第2章で説明した税率差異分析ワークシート上の「法人税等負担額への影響額」に記載します。

税率変更に伴う法人税等負担額への影響額
　＝税率変更に伴い積み増された（取り崩された）繰延税金資産
　　負債の純額（法人税等調整額に計上された額）

図表Ⅰ-4-38　税率変更による繰延税金資産・負債の修正差額の取扱い

原則	修正差額を「法人税等調整額」に加減	⇨ 税率（税額）差異要因
評価・換算差額等に係る繰延税金資産・負債（例：有価証券評価差額）	修正差額を純資産の部の評価・換算差額等に直接加減	⇨ 税率（税額）差異要因にならない

図表Ⅰ-4-39　税率変更による繰延税金資産の積増し処理と税率（税額）差異

（前提条件）
- 将来減算一時差異1,000（全額回収可能）
- 法定実効税率30%⇒32%に変更
- 繰延税金資産300⇒320に増加

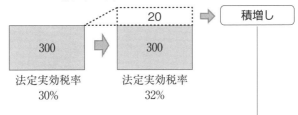

繰延税金資産

法定実効税率
30%

法定実効税率
32%

20 ⇨ 積増し

1．原則

借方		貸方	
繰延税金資産	20	法人税等調整額	20

法人税等調整額が会計上の利益と連動することなく減するため，税率（税額）差異要因となる

2．有価証券評価差額金等

借方		貸方	
繰延税金資金	20	有価証券評価差額金	20

法人税等調整額は増減しないため，税率（税額）差異を生じさせない

③　どこで数値を把握するか

税率変更による繰延税金資産・負債の額の取崩額は，通常繰延税金資産計算ワークシート上にて算出するため，会計処理および同ワークシートを確認することにより税率変更に伴い取り崩された繰延税金資産の額（純資産の部直入分を除く）を確認することができます。

5－4　寄附修正　　　　　　　　　　　頻度：★

①　概　要

ⅰ）税務上の取扱い

完全支配関係者間（法人による完全支配関係に限る）で寄附が行われた場合，寄附金を支出した側・受領した側それぞれの法人の株主[注1]は，これら法人の株式帳簿価額について以下の修正を行うこととされています。

（注1）該当寄付金を支出・受領した法人と完全支配関係を有する法人株主に限る。

【寄附金を支出した側の法人の株主】

➡　「寄附金の額×株式持分割合」を株式帳簿価額から減算

（同額の利益積立金額減少を認識）

【寄附金を受領した側の法人の株主】

➡　「寄附金の額×株式持分割合」を株式帳簿価額に加算

（同額の利益積立金額増加を認識）

ⅱ）会計上の取扱い

上記のように，税務上の帳簿価額が増加（減少）するため，会計上の帳簿価額との差異が生じます。これは，将来株式を売却した場合に課税所得を減少（増加）させますので，将来減算（加算）一時差異として，繰延税金資産（負債）を認識します。

図表Ⅰ－4－40	寄附修正の例　（P社による完全支配関係。P社株式は多数の法人・個人が所有）

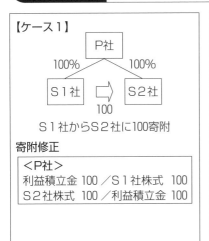

【ケース1】

S1社からS2社に100寄附

寄附修正

<P社>
利益積立金 100 ／S1社株式 100
S2社株式 100 ／利益積立金 100

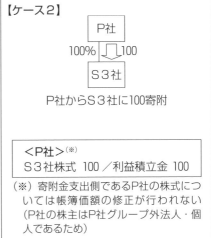

【ケース2】

P社からS3社に100寄附

<P社>（※）
S3社株式 100 ／利益積立金 100

（※）寄附金支出側であるP社の株式については帳簿価額の修正が行われない（P社の株主はP社グループ外法人・個人であるため）

繰延税金資産　××　／　法人税等調整額　××	(注2)

または

法人税等調整額　××　／　繰延税金負債　××	(注3)

（注2）繰延税金資産について評価性引当額が計上された場合の税率（税額）差異については，5－1を参照。

（注3）子会社株式に係る将来加算一時差異について，一定の場合には，繰延税金負債が計上されません（税効果適用指針8⑵）。この場合には，税率（税額）差異が生じないこととなります。

②　税率（税額）差異が生じるしくみ

上述①の仕訳を見てわかるように，繰延税金資産（負債）の計上に伴い法人税等調整額が計上されます。寄附金支出法人・受領法人の株主ですから，寄附に伴い会計上の利益（損失）が発生しているわけではあり

ません。つまり，**税引前当期純利益の金額と直接連動することなく，法人税等調整額が計上**されることになり，結果として税率（税額）差異が生じます。

　寄附修正による法人税等負担額への影響額は，寄附修正により計上された法人税等調整額（=寄附修正により発生した一時差異の額×法定実効税率）となります。この金額をもって，第2章で説明した税率差異分析ワークシート上の「法人税等負担額へ影響額」に記載します。

寄附修正に伴う法人税等負担額への影響額
　=寄附修正に伴い計上された法人税等調整額
　（=寄附修正により発生した一時差異の額×法定実効税率）

---

③　どこで数値を把握するか

　平成22年度のグループ法人税制導入に伴い，グループ法人税制が適用となるグループ内の取引について把握することが必要となりました。したがって決算処理の過程で，把握されたグループ取引を確認することにより寄附修正事由の有無，金額を確認することができます。

　なお，法人税申告書上は，いわゆる寄附修正は別表四を経由せずに直接別表五（一）に記載されます。したがって，別表四を経由せずに別表五（一）に計上された金額について，その内容を確認することによっても把握することができます。

5－5　子会社株式簿価減額特例　　頻度：★

①　概　要

ⅰ）税務上の取扱い

　内国法人が一定の子法人から帳簿価額の10%を超える配当等を受け取った場合，その配当等の額のうち益金の額に算入されなかった金額に

相当する金額が当該子会社株式の帳簿価額から減額されます（法令119
の3⑩）。

　これは，子会社配当と子会社株式の譲渡を組み合わせた租税回避を防
止する観点から設けられている措置です。

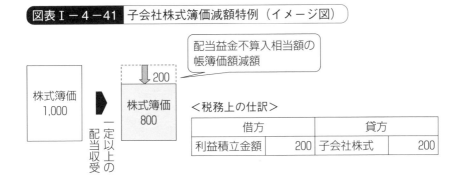

図表Ⅰ－4－41　子会社株式簿価減額特例（イメージ図）

　ii）　会計上の取扱い

　上述のように，税務上の帳簿価額が減額されることから，会計上の帳
簿価額との間に差異が生じます（会計上の簿価＞税務上の簿価）。この
結果，将来株式を譲渡した際に税務上の利益（課税所得）が会計上の利
益より大きくなることから，将来加算一時差異に該当し，一定の場合を
除いて繰延税金負債を計上します（税効果適用指針8(2)）。

| 法人税等調整額　60 | ／ | 繰延税金負債　60 |

②　税率（税額）差異が生じるしくみ

　上記①ii）の仕訳からわかるように，会計上，税引前当期純利益と直
接連動することなく法人税等調整額のみが計上されることになります。
このため，税率（税額）差異が生じます。

　子会社簿価減額特例に係る法人税等負担額への影響額は，これにつき

計上された法人税等調整額となります。この金額をもって第2章で説明した，税率差異分析ワークシート上の「法人税等負担額への影響額」に記載します。

③ どこで数値を把握するか

　子会社簿価減額特例に係る子会社株式の帳簿価額の修正は，法人税申告書別表四を経由せずに，直接別表五(一)に計上されます。したがって，別表四を経由せずに別表五(一)に計上された金額について，その内容を確認することによって把握することができます。

第5章

総合設例

✍この章の目標
- 総合設例を通じて，税率（税額）差異分析の手続をマスターする。

　以下に，税率（税額）差異分析の総合設例を記載しました。ここでは，第1章から第4章で説明した内容を総合的に活用します。第1章から第4章の説明を参考に，1の前提条件のもとで，実際に税率差異分析ワークシートを作成してみてください。

1　前提条件

- 当期課税所得，納税額，繰延税金資産等⇒下記参照
- 法人税率23.2%，地方法人税率10.3%，住民税率10.4%，事業税率3.78%，法定実効税率30.625%
- 当期源泉所得税1,000のうち控除対象800，控除対象外200
- 住民税均等割3,000
- 繰延税金資産に対して評価性引当額の計上あり（下記参照）

1．課税所得計算

	金額	留保	社外流出
税引前当期純利益	100,000	100,000	
賞与引当金繰入否認	22,000	22,000	
賞与引当金認容	△ 20,000	△ 20,000	
退職給付引当金繰入否認	1,500	1,500	
交際費損金不算入	7,000		7,000
受取配当益金不算入	△ 4,000		△ 4,000
事業税（前期確定納付）	△ 5,000		
事業税（当期中間納付）	△ 2,500		
源泉所得税	△ 1,000		
控除対象所得税	800		
課税所得	98,800		

2．税額計算

法人税額
　法人税課税所得　　　　　　　　　　　　　　　　　　　98,800　①
　課税所得×法人税率　　　①×23.2%　　　　　　　　　 22,922　②
　所得税額控除　　　　　　前提条件より　　　　　　　　　800　③
　差引　　　　　　　　　　　　　　　　　　　　　　　 22,122　④
地方法人税額
　地方法人税課税標準　　　②　　　　　　　　　　　　 22,922　⑤
　地方法人税額　　　　　　⑤×10.3%　　　　　　　　　 2,361　⑥
住民税額
　住民税課税標準　　　　　②　　　　　　　　　　　　 22,922　⑦
　住民税所得割　　　　　　⑦×10.4%　　　　　　　　　 2,384　⑧
　住民税均等割　　　　　　前提条件より　　　　　　　 3,000　⑨
　住民税合計　　　　　　　⑧＋⑨　　　　　　　　　　 5,384　⑩
事業税額
　法人税課税所得　　　　　①　　　　　　　　　　　　 98,800　⑪
　控除対象外所得税　　　　前提条件より　　　　　　　　200　⑫
　事業税課税標準　　　　　⑪＋⑫　　　　　　　　　　 99,000　⑬
　事業税額　　　　　　　　⑬×3.78%　　　　　　　　　 3,742　⑭
国内法人税等の額　　　　　④＋⑥＋⑩＋⑭　　　　　　33,609　⑮
源泉所得税の額　　　　　　　　　　　　　　　　　　　1,000　⑯
損益計算書　法人税等の額　⑮＋⑯　　　　　　　　　　34,609　⑰

３．未払税金勘定の動き

	期首	期中増減			期末
		減		増	
		期末確定分	中間・期中発生分		
法人税	20,000	20,000	13,000	22,122	9,122
住民税（所得割）	6,000	6,000	4,000	2,384	△ 1,616
住民税（均等割）	1,500	1,500	1,500	3,000	1,500
事業税	5,000	5,000	2,500	3,742	1,242
源泉所得税	0	0	1,000	1,000	0
計	32,500	32,500	22,000	32,248	10,248

期末払法人税等の額　　P/L法人税等の額　　期首未払法人税等の額

４．繰延税金資産

(1)　一時差異一覧

	期首	減	増	期末
賞与引当金（使用人分）	20,000	20,000	22,000	22,000
退職給付引当金	30,000		1,500	31,500
未払事業税	5,000	5,000	1,242	1,242
①一時差異合計	55,000	25,000	24,742	54,742

(2)　繰延税金資産計算

②繰延税金資産（評価性引当額計上前）①×法定実効税率	16,844		16,765
③評価性引当額	△ 3,062		△ 1,225
④繰延税金資産②－③	13,781		15,540

法人税等調整額＝△1,759

５．損益計算書（抜粋）

税引前当期純利益		100,000
法人税等の額	34,609	
法人税等調整額	△ 1,759	32,850
税引後当期純利益		67,150

2　記入用ワークシート（税額ベース）

(1)　差異要因による法人税等負担額への影響額

内　容	課税所得計算上加算された額（A）	税額に与える影響（B）＝（A）×法定実効税率
計		

(2)　あるべき法人税等負担額

①	差異要因による法人税等負担額への影響（(1)より）	
②	法人税等理論値（税引前当期純利益×法定実効税率	
	計	

(3)　検　証

①	損益計算書の法人税等負担額	
②	あるべき法人税等負担額（(2)より）	
	①－②	

控除対象外所得税による税率（税額）差異については第4章3－3にて説明しています。

法人税等負担額への影響を計算する際に法定実効税率を乗じるものと乗じないものがあるので，要注意です！

(3 　税額をベースとした差異分析)

　前提条件において，税率（税額）差異要因となるものは以下の項目となります。したがって，これらの項目による税率（税額）差異を計算し，ワークシートに記入します。

- 流出項目（交際費損金不算入，受取配当益金不算入）
- 控除対象外所得税
- 住民税均等割
- 評価性引当額増減

■税額ベースによる差異分析

(1)　差異要因による法人税等負担額への影響額

内　　容	課税所得計算上 加算された額	法人税等負担額 に与える影響
交際費損金不算入	7,000	2,144
受取配当益金不算入	△ 4,000	△ 1,225
控除対象外所得税		200
損金算入控除対象外所得税（損金算入所得税額×法人税率×（1 ＋ 地方法人税率＋住民税率）		△ 56
住民税均等割額		3,000
繰延税金資産評価性引当額増減		△ 1,837
計		2,225

(2)　あるべき法人税等負担額

①　差異要因による法人税等負担額への影響額（(1)より）	2,225
②　法人税等理論値（税引前当期純利益×法定実効税率）	30,625
計	32,850

(3)　検　証

①　損益計算書上の法人税等負担額合計	32,850
②　あるべき法人税等負担額（上記(2)）	32,850
①－②	0

法人税等負担額は適正に計上されている

　差異分析の結果，(3)の検証（┌┄┄┄┐部分）が合っていることが確認できました。

　なお，税率ベースによる差異分析ワークシートを作成する場合，以下のようになります

■税率ベースによる差異分析

(1)　差異要因による法人税等負担額への影響額

内　容	課税所得計算上加算された額（A）	法人税等負担額への影響(B)＝(A)×法定実効税率	法人税等負担率への影響(C)＝(B)÷税引前当期純利益
交際費損金不算入	7,000	2,144	2.14%
受取配当益金不算入	△ 4,000	△ 1,225	△1.22%
控除対象外所得税		200	0.20%
損金算入控除対象外所得税（損金算入所得税額×法人税率×（1＋地方法人税率＋住民税率）		△ 56	△0.06%
住民税均等割額		3,000	3.00%
繰延税金資産評価性引当額増減		△ 1,837	△1.84%
計		2,225	2.23%

(2)　あるべき法人税等負担額

①　差異要因による法人税等負担額への影響額（(1)より）	2,225	2.23%
②　法人税等理論値（税引前当期純利益×法定実効税率）	30,625	30.62%
計	32,850	32.85%

(3)　検　証

①　損益計算書上の法人税等負担額合計	32,850	32.85%
②　あるべき法人税等負担（上記(2))	32,850	32.85%
①－②	0	┌┄┄┄┄┄┐0.00%└┄┄┄┄┄┘

⬇

法人税等負担率は適正に計上されている

補論

グループ通算制度と
個別財務諸表における税率差異

1　はじめに

　グループ通算制度とは，完全支配関係にある企業グループの一体性に着目し，課税所得金額および法人税額の計算上，企業グループをあたかも1つの法人であるかのようにとらえ，損益通算等の調整を行うしくみです。令和2年度税制改正により，連結納税制度に代えて導入されました（令和4年4月1日以後開始事業年度につき適用）。

　グループ通算制度に係る税効果会計についての詳細解説は他書に譲るとして，本章では，通算制度の固有の税務処理の概要と，これにより生ずる個別財務諸表における税率差異について解説を行います。

2　グループ通算制度の枠組み

(1)　損益通算

　上述のように，グループ通算制度を適用する場合，グループ法人間で損益や欠損金の通算が行われます。これはつまり，他法人の欠損を自社

の課税所得の計算において損金算入できる，ということです。通算した結果，税額が減少（増加）した分については，「通算税効果額」として通算会社間で金銭等の授受が行われることが一般的です。

(2)　対象税目

　グループ通算制度が適用されるのは法人税（および法人税を課税標準とする地方法人税）であって，住民税・事業税の計算においてはグループ通算制度は考慮されません。

図表Ⅰ－補－1　グループ通算制度のしくみ

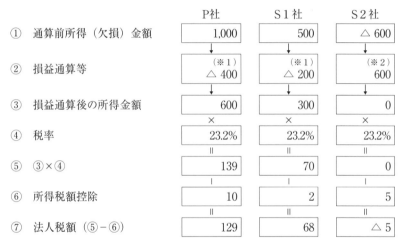

		P社	S1社	S2社
①	通算前所得（欠損）金額	1,000	500	△ 600
②	損益通算等	(※1) △ 400	(※1) △ 200	(※2) 600
③	損益通算後の所得金額	600	300	0
④	税率	× 23.2%	× 23.2%	× 23.2%
⑤	③×④	139	70	0
⑥	所得税額控除	－ 10	－ 2	－ 5
⑦	法人税額（⑤－⑥）	129	68	△ 5

（※1）欠損金額の合計額を所得金額の比で配分

$$\triangle 600 \times \frac{1,000}{1,500} = \triangle 400 \qquad \triangle 600 \times \frac{500}{1,500} = \triangle 200$$

（※2）所得金額の合計額を欠損金額の比で按分（この場合は100%）。

＊　所得税額控除以外の税額控除はないものとする。また，所得税は全額控除されている。

- 地方法人税：グループ通算制度を適用して算出した法人税額を基礎として計算
- 住民税：グループ通算制度における損益通算，繰越欠損金の通算等の影響を除く調整を行って課税標準を計算
- 事業税：グループ通算制度における損益通算，繰越欠損金の通算等を適用せずに所得金額を計算

図表Ⅰ-補-2 損益通算・通算税効果額の授受と税負担割合の計算例
（図表Ⅰ-補-1の例に基づく）

※　事例の単純化のため，地方法人税については捨象している

		P社	S1社	S2社
①	通算前所得（欠損）金額	1,000	500	△ 600
②	法人税額（図表Ⅰ-補-1⑦）	129	68	△ 5
③	通算税効果額の授受 （－通算金額（図表Ⅰ-補-1②）×法人税率）	93	46	△ 139
④	②+③+源泉所得税（図表Ⅰ-補-1⑥）	232	116	△ 139
⑤	税負担割合 $\frac{④}{①}$	23.20%	23.20%	23.20%

通算税効果額の授受を行う場合においては，損益通
算によって税率差異が生じることは原則としてない

(3)　損益通算と税率差異

　グループ法人間で損益・欠損金を通算しても，通算税効果額について
金銭等の授受が行われる限りにおいて，減った（増えた）税額相当額を
他の通算法人に支払う（受け取る）ことになりますから，これを直接の
原因として税率差異が発生するということはありません。

3　通算開始時・加入時・離脱時の時価評価

(1)　概　要

　グループ通算制度の適用を開始する際，あるいはグループ通算制度に
加入する際において，一定の要件を満たさない場合には，当該通算法人
の保有する一定の資産について時価評価を行い，グループ通算開始直前
事業年度／加入直前事業年度において益金（損金）の額に算入します。

グループ通算制度から離脱する場合においても，一定の場合には，当該離脱法人が保有する一定の資産について時価評価が行われます[1]。

(2) 税率（税額）差異

税務上，時価評価損益を計上する場合，通常，税務上の利益（課税所得）と会計上の利益が乖離しますが，時価評価により生じた一時差異について会計上，繰延税金資産・負債が計上される（つまり法人税等調整額が計上される）のであれば，法人税等調整額が法人税等の額の増加（減少）を打ち消す効果をもつため，結果として税率（税額）差異は生じません（図表Ⅰ-補-3左側参照）。

逆に，時価評価により生じた一時差異について①回収可能性がないものとして評価性引当額を計上する場合，②税効果を認識しない[2]場合には，ここに税率差異が発生します（図表Ⅰ-補-3右側参照）。

回収可能性がないものとして評価性引当額を計上した場合の税率差異の考え方については，第4章5-1を参照してください。

時価評価により生じた会計と税務の帳簿価額の差異について税効果を認識しない場合の税率（税額）差異は，次の算式により求められます。

【時価評価により生じた一時差異について税効果を認識しないことにより生ずる税率（税額）差異】

- 税額差異 ＝ $\dfrac{\text{税効果を認識しない}}{\text{時価評価損益}}$ ×法定実効税率

- 税率差異 ＝ $\dfrac{\text{税効果を認識しない}}{\text{時価評価損益}}$ ×法定実効税率÷税引前当期純利益

---

1 住民税・事業税の取扱い：通算グループ内の損益・繰越欠損金の通算については，住民税・事業税の計算においてこれを適用しないで（影響を排除して）計算しますが，通算開始・加入・離脱に伴う時価評価損益の計上については特段の調整が行われません。

2 本章において「税効果を認識しない」とは，評価性引当額計上前の繰延税金資産，あるいは繰延税金負債に含めないことを指すこととします。

図表 I －補－3　通算開始時・加入時の時価評価と税率差異

【前提条件】
- 税引前当期純利益　　　　　　　　　　　　　10,000
- 税務調整（通算開始・加入時価評価損益）　　 1,000
- 課税所得　　　　　　　　　　　　　　　　　11,000
- 法定実効税率＝表面税率＝　　　　　　　　　 30%

損益計算書末尾

時価評価益に係る一時差異につき繰延税金資産(A)を計上

税引前当期純利益	10,000
法人税等	3,300
法人税等調整額	△ 300
法人税等合計	3,000
当期純利益	7,000

法定実効税率　　法人税等負担率
30.0% ⟷ 30.0%
税率差異 ↓
0%

(A)に対して評価性引当額を全額計上

税引前当期純利益	10,000
法人税等	3,300
法人税等調整額	0
法人税等合計	3,300
当期純利益	6,700

法定実効税率　　法人税等負担率
30.0% ⟷ 33.0%
税率差異 ↓
3.0%

　また，会計と税務で帳簿価額に差異があるものの税効果が認識されていない資産・負債について，譲渡等を行った場合にも税率（税額）差異が発生します。

4　欠損金切捨て

(1)　概　要

　グループ通算制度の開始・加入に際して，時価評価対象法人については，通算開始前の欠損金について切捨てが行われます。また，時価評価が行われない法人であっても，支配関係が5年以下かつ共同事業性がな

い法人については，支配関係発生日以後に新たな事業を開始した場合には，その欠損金の一部（全部）が切り捨てられます。この欠損金切捨て措置は，法人税法上のみでの取扱いですので，住民税・事業税について欠損金の制限が課されることはありません[3]。

(2)　税率差異

　欠損金が切り捨てられるわけですから，欠損金の期限切れが生じた場合（第4章5−2参照）と同様，税率（税額）差異の発生要因となります（税率（税額）差異が発生するしくみについては同節参照のこと）。

　グループ通算制度の開始・加入による欠損金切捨てが，欠損金の期限切れと異なるのは，切り捨てられるのが法人税に係る欠損金のみであるという点です。

　したがって，法人税等負担額への影響額（税額差異）および税率差異は次の算式によって求められます。

- 税額差異(税額ベース)＝切捨欠損金額×法人税率／(1＋事業税率)
- 税率差異(税率ベース)＝(切捨欠損金額×法人税率／(1＋事業税率))

$$÷税引前当期純利益$$

　なお，評価性引当額が計上されている場合，評価性引当額の取崩しに

3　住民税法上の欠損金について

　住民税法人税割は，法人税額を課税標準として計算することから，グループ通算制度を適用しない限り，住民税独自の欠損金（控除対象通算対象所得調整額，控除対象配賦欠損調整額）を認識することはありません。

　グループ通算制度開始・加入に伴い法人税の繰越欠損金の切捨てが行われた場合には，住民税法人税割の計算において，住民税独自の欠損金を認識します（地法53③④）。控除対象個別帰属税額とされる金額は，通算適用前欠損金額に法人税率を乗ずる方法によって求められます。

　また，グループ通算税制下において，法人税課税所得計算上生じた欠損について他の通算法人の所得と通算する場合であっても，住民税法上は損益の通算は行いませんので，当該欠損に相当する金額（通算対象所得金額）に法人税率を乗じた金額をもって，住民税法上の欠損金として認識します（地法53⑬）。

よる影響を別途考慮する必要があります（第4章5－1参照）。

5　特定資産に係る譲渡等損失の損金算入制限

(1)　概　要

　グループ通算制度においては，5年超支配関係・共同事業性がない場合において新たな事業を開始したときには，通算制度の開始・加入後の一定期間，特定資産の譲渡等損失につき損金算入制限が課されます。

　このため，損金算入が見込まれない特定資産に係る将来減算一時差異については，繰延税金資産の回収可能性はないものとして取り扱うこととされています（グループ通算取扱い22）。

(2)　税率差異

　グループ通算制度の開始（加入）に伴い，特定資産譲渡等損失の損金算入制限が課されることが見込まれ，繰延税金資産の回収可能性がないものとして評価性引当額を計上した場合，ここに税率（税額）差異が発生します。

　評価性引当額計上に伴う税率（税額）差異の発生のしくみについては，第4章5－1を参照してください。

6　繰延税金資産の回収可能性の見積りの変更

(1)　概　要

　グループ通算制度を適用することにより，各法人における繰延税金資産の回収可能性の見積りが，適用前とは異なるものとなることがあります。

このような場合，回収可能性の判断の変更に伴い，評価性引当額の取崩し・積増しが行われることになります。

(2)　税率（税額）差異

第4章5-1で説明したように，評価性引当額の取崩し・積増しは，税引前当期純利益と直接連動することなく法人税等調整額を増減させることになるわけですから，税率（税額）差異の発生要因となります（純資産の部への直入部分を除く）。その他，評価性引当額の取崩し・積増しによる税率差異の詳細については第4章5-1を参照してください。

7　通算子法人株式に係る評価損の損金不算入

(1)　概　要

グループ通算制度を適用している場合において，通算法人が有する通算子法人株式については，評価損の損金算入が認められていません。

(2)　税率（税額）差異

会計上費用計上されたものが税務上損金の額に算入されなかったとしても，これに対応する法人税等調整額が計上されれば，結果として税率（税額）差異は生じません。

なお，評価性引当額を計上した場合に，税率（税額）差異が生じる仕組みについては第4章5-1を参照してください。

8　通算法人間における通算子法人株式の譲渡

(1)　通算法人間における通算子法人株式に係る譲渡損益の損金不算入

　完全支配関係者間で一定の資産を譲渡した場合，譲渡時には譲渡損益を繰り延べ，その後再譲渡や完全支配関係の喪失等の事由が生じた場合に，譲渡法人において繰延譲渡損益を取り崩します。

　しかしながら，通算法人間で通算子法人株式を譲渡した場合，再譲渡・完全支配関係の喪失等に伴う，繰延譲渡損益の取崩しは行われません。つまり，当初損金不算入／益金不算入とされた譲渡損益がその後取り戻されることはありません（別表四においては流出処理）。

(2)　税率（税額）差異

　株式の譲渡に伴って，会計上は譲渡損益が認識されるものの，税務上は譲渡損益が認識されず，かつ，その後，税務上取り戻しが行われることはないので，当該譲渡損益は永久差異に該当し，税率（税額）差異の要因となります（後述の投資簿価修正による影響を併せて考慮する必要があります）。

9　投資簿価修正

(1)　概　要

①　税務上の取扱い

　通算グループから通算子法人が離脱する場合，その通算子法人の株式を保有する通算法人において，当該連結子法人株式の帳簿価額を離脱する法人の簿価純資産価額相当額[4]まで増額・減額する処理を行います。

　これは，通算子法人の稼得した利益に対する二重課税や，通算子法人に生じた損失に対する二重控除の排除，通算制度開始・加入前の含み益に対する課税の確保，組織再編成との整合性といった観点から設けられている制度です。

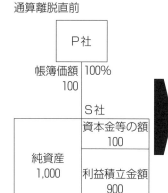

図表Ⅰ－補－4　投資簿価修正

通算離脱直前

P社

帳簿価額　100%
100

S社

資本金等の額
100

純資産
1,000

利益積立金額
900

投資簿価修正（P社）

借方		貸方	
S社株式	(※) 900	利益積立金額	900

（※）S社純資産価額1,000－P社保有S社株式帳簿価額100

②　会計上の取扱い

　税務上は，通算法人が通算グループを離脱する際に，株主の側において投資簿価修正を行いますが，税効果会計上は，毎期投資簿価修正を行ったと仮定して，税務上の帳簿価額と会計上の帳簿価額との差異を求め，これを一時差異と同様に[5]取り扱います。これに係る繰延税金資産・負債の認識については以下のルールによることとされています（グループ通算取扱い19，20）[6]。

4　株式の全部を保有していない場合は株式保有割合を乗じます。
5　通算法人が通算グループ内にとどまる限りにおいて，投資簿価修正は行われない（＝税務上の帳簿価額は変更されない）ことから，それまでの間は「一時差異」に該当しないものと考えられますが，連結納税制度における取扱いを踏襲し，一時差異と同様に取り扱うこととされています（グループ通算取扱い55）。

【投資簿価修正に係る繰延税金資産・負債の認識ルール】

- 対象会社の税務上の簿価純資産価額＞会計上の帳簿価額の場合（＝税務上の帳簿価額が増額修正される場合）：以下のいずれも満たす場合に繰延税金資産を計上する。
  - （ⅰ）予測可能な将来の期間に対象会社の株式の売却を行う意思決定または実施計画が存在する。
  - （ⅱ）回収可能性適用指針に従って，当該繰延税金資産の回収可能性があると判断される。
- 対象会社の税務上の簿価純資産価額＜会計上の帳簿価額の場合（＝税務上の帳簿価額が減額修正される場合）：以下のいずれも満たす場合を除き，繰延税金負債を計上する。
  - （ⅰ）対象会社の株式の売却等を，その株式を保有する会社自身で決めることができる。
  - （ⅱ）予測可能な将来の期間に，対象会社の株式の売却等を行う意思がない。

(2)　税率（税額）差異

　上記のような取扱いの結果，投資簿価修正相当額に関連して，次のような場合に税率（税額）差異が生じることとなります。

①　繰延税金資産・負債を認識した場合

　会計上，投資簿価修正相当額に係る繰延税金資産・負債を認識する場合，それは税引前当期純利益と直接連動することなく法人税等調整額を増減させることになりますので，ここに税率（税額）差異が発生します。

6　対象会社株式について評価損を計上している場合については別途取扱いあり。

【仕訳イメージ】

前提：対象会社株式の会計上の帳簿価額と対象会社の税務上の簿価純資産価額との差額1,000につき繰延税金資産300を計上

借方		貸方	
繰延税金資産	300	法人税等調整額	300

> 税引前当期純利益と連動していない

② 繰延税金資産・負債を認識していなかった子会社株式につき，譲渡等を行った場合

通算子法人の株式譲渡に際し，税務上の株式簿価は投資簿価修正として増額・減額されます。この結果，当初の株式簿価が税務・会計で一致していたとしても，株式譲渡原価は会計と税務で異なることとなり，結果，会計上の利益と税務上の利益（課税所得）に投資簿価修正分の差異が生じます。

ここで，税務上の帳簿価額と会計上の帳簿価額との差異につき繰延税金資産・負債を認識してあれば，この取崩額が法人税等調整額に計上される結果，税率（税額）差異は生じませんが，繰延税金資産・負債を認識していなかった場合には，会計上の利益と法人税等負担額との間にミスマッチ，つまり税率（税額）差異が生じます（図表Ⅰ-補-5）。

図表Ⅰ－補－5　繊延税金資産・負債不計上による譲渡時の税率（税額）差異

【前提条件】
- P社・S社は同一通算グループの通算法人である（3月決算法人）
- P社はS社株式を100%保有。帳簿価額（税務・会計）は1,000
  通算開始第1期目にS社の利益積立金額は1,000増加
- X5年10月1日、P社はS社株式の全部を6,000にて売却した
- X5年3月期および通算離脱直前事業年度末におけるS社の簿価純資産価額
  はいずれも5,000
- 法定実効税率＝表面税率＝30%とする

```
P社                S社株式譲渡（S社通算離脱）
                                                    譲渡損益の計算
帳簿価額                                               会計：6,000－1,000
1,000              投資簿価修正（税務）                      ＝5,000
                                                       税務：6,000－（1,000＋4,000）
S社        | 借方          | 貸方           |             ＝1,000
純資産      | S社株式 4,000 | 利益積立金額 4,000 |   法人税等の額　1,000×30％＝300
5,000
```

（会計仕訳―S社株式譲渡時）

投資簿価修正に対応する繊延税金資産
（＊）を認識していた場合

借方		貸方	
現預金	6,000	S社株式	1,000
		譲渡損益	5,000
法人税等調整額	1,200	繊延税金資産	1,200

＊（5,000－1,000）×30%＝1,200

投資簿価修正に対応する繊延税金資産
を認識しなかった場合

借方		貸方	
現預金	6,000	S社株式	5,000
		譲渡損益	1,000

損益計算書末尾

税引前当期純利益	5,000
法人税等	300
法人税等調整額	1,200
法人税等合計	1,500
当期純利益	3,500

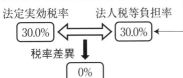

損益計算書末尾

税引前当期純利益	5,000
法人税等	300
法人税等調整額	0
法人税等合計	300
当期純利益	4,700

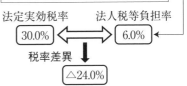

10　法定実効税率の修正

(1)　概　要

　繰延税金資産の回収可能性が税金の種類により異なる場合や，計上対象一時差異等の金額が税金の種類により異なる場合，かつ，その影響が大きい場合には，繰延税金資産の回収可能見込額の計算に際して，法定実効税率を修正することがあります（グループ通算取扱い［設例5］3）。

　典型的には，構造的に事業税の課税所得が発生しない法人において，事業税率を0として法人税・住民税の回収可能見込額を計算する（つまり，法定実効税率計算上の「1＋事業税率」の部分を1とする）ような例がこれに該当します。

(2)　税率差異

　上述の修正を加味する前の税率をもって法定実効税率とし，修正後の法定実効税率により回収不能と判断される部分の金額を評価性引当額として繰延税金資産から控除する場合（これと異なる処理方法もあり得ます），修正税率の適用は，結果として評価性引当額の増減として現れます。このため，修正税率適用による法人税負担率（額）への影響は当該評価性引当額の増減額による税率（税額）差異として把握することが可能です。

　評価性引当額の増減による税率（税額）差異の計算方法については，第4章5－1を参照してください。

図表Ⅰ−補−6　回収可能見込額計算における修正税率の適用例

1　前提条件
- 計上対象一時差異等：1,000
- 法人税率23.2%，地方法人税率10.3%，住民税率1.4%，事業税率（特別法人事業税を含む）3.78%
- 修正前法定実効税率：

法人税＋地方法人税　$\dfrac{23.2\% \times (1 + 10.3\%)}{1 + 3.78\%} = 24.66\%$

住民税　$\dfrac{23.2\% \times 10.4\%}{1 + 3.78\%} = 2.32\%$

事業税　$\dfrac{3.78\%}{1 + 3.78\%} = 3.64\%$

計　　　　　　30.625%

- 一時差異1,000に対する繰延税金資産のうち回収可能性があると認められる部分
法人税：100%
住民税，事業税：0%

2　法人税・住民税回収可能見込額計算における修正税率

① 法人税＋地方法人税　$\dfrac{23.2\% \times (1 + 10.3\%)}{1 + 0\%} = 25.59\%$ ◁ 分母が1＋事業税率ではない

② 住民税　$\dfrac{23.2\% \times 10.4\%}{1 + 0\%} = 2.41\%$

3　繰延税金資産の回収可能見込額計算

① 法人税　　　1,000 × 25.59% = 256　◁ 修正税率を適用して回収可能見込額を計算
② 住民税　　　0 × 2.41% = 0
③ 事業税　　　0 × 3.78% = 0
④ 合計　　　　① + ② + ③ = 256

4　評価性引当額の計算

① 法定実効税率を適用される繰延税金資産（回収可能性検討前）の金額（1,000 × 30.625%）　　　306
② 修正実効税率により計算される繰延税金資産の額（上記3）　　　256
③ 回収が見込まれない税金の額（評価性引当額）① − ②　　　50

第 **II** 部

連結財務諸表における
税率差異

第1章

連結財務諸表に係る
税効果会計の概要

✊**この章の目標**
- 連結財務諸表に係る税効果会計の適用手順を確認する。
- 主な連結手続と税効果会計適用のポイントを確認する。

1　連結財務諸表における税効果会計の適用手順

　連結財務諸表に係る税率差異の説明をする前に，まず連結財務諸表における税効果会計の適用手順について整理しておきましょう。

　連結財務諸表における繰延税金資産および繰延税金負債の計上は，まず個々の連結会社（親会社および各連結子会社）ごとに行います。したがって，連結財務諸表作成の基礎となる親会社および連結子会社の個別財務諸表に税効果会計が適用されている必要があります。

　もし税効果会計が適用されていない連結会社があれば，それについては，まず個別財務諸表項目に存在する一時差異等に対して繰延税金資産および繰延税金負債を計上した個別財務諸表に修正する必要があります。そのうえで，連結会社各社の財務諸表を合算して合算財務諸表が作成されます。

　次に，資本連結手続およびその他の連結手続上生じた一時差異に対して，当該差異が発生した連結会社ごとに税効果を認識し，繰延税金資産および繰延税金負債ならびに法人税等調整額等を計算し，連結財務諸表に計上することになります。

　このように，連結財務諸表における税効果は，連結会社各社の財務諸表に係る税効果と，連結修正に係る税効果によって構成されていることになります。

　したがって，連結財務諸表における税率差異についても，連結会社各社の財務諸表自体に生じている税率差異と，連結修正により生じる税率差異によって構成されていることになります。

図表Ⅱ－1－1 連結財務諸表における税効果会計の適用手順のイメージ

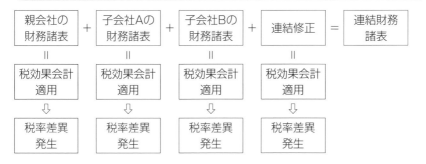

2　主な連結手続と税効果会計適用のポイント

　連結財務諸表作成は，大きく分けて，合算財務諸表の作成のステップと連結修正仕訳の計上のステップからなる点は前述のとおりです。

　それぞれのステップはさらにいくつかの連結手続に分解できますが，それぞれの段階における税効果会計適用のポイントを押さえておくことが，税率差異要因を理解するうえでも重要です。

　特に，一時差異があっても税効果を認識しないこととされるケースや，

過年度において税効果を認識していなかったものの当期から税効果を認識することとなったケース等では，税率差異が生じることになりますので，どのようなケースでは税効果を認識し，どのようなケースでは税効果を認識しないのか等について理解しておくことが，税率差異を理解するうえでも重要です。

　図表Ⅱ－１－２に，主な連結手続と税効果会計適用のポイントを整理しましたので参照してください。

図表Ⅱ－１－２　主な連結手続と税効果会計適用のポイント

連結手続	税効果会計の適用	ポイント	本書第Ⅱ部第2章における解説箇所
(1)合算財務諸表の作成			
①連結会社各社の個別財務諸表の作成	各社の個別財務諸表における税効果	• 各社の個別財務諸表は各社ごとの法定実効税率に基づいて処理する。 • 各社ごとに繰延税金資産の回収可能性を検討する。 • 各社の個別財務諸表上にそれぞれ税率差異が生じる。	「2　各社の個別財務諸表上に生じる税率差異」「3　連結子会社の適用税率差異」および「9　子会社における税率変更」
②親子会社間の会計方針の統一	子会社の会計処理修正に伴う税効果	会計方針統一のため，連結上で子会社の会計処理を修正した場合，当該修正に対して各社ごとに税効果会計を適用	－
③在外子会社の財務諸表の換算	為替換算調整勘定に係る税効果	図表Ⅱ－１－３	「7　為替換算調整勘定」
(2)連結修正仕訳の計上			
①資本連結			

● 資産負債の時価評価	子会社の資産負債の時価評価に伴う評価差額に係る税効果	**資産の評価差額** 子会社の資産を時価評価した時点で評価減（評価増）に対応する税効果額を繰延税金資産（繰延税金負債）に計上する一方，資産の売却等をした年度に当該繰延税金資産（繰延税金負債）を取り崩し，当該取崩額を法人税等調整額に計上する（税効果適用指針18・19）。 **繰延税金資産・繰越税金負債の増減の取扱い** 子会社の資産および負債の時価評価により生じた評価差額に係る一時差異について，子会社において税率が変更されたことによる繰延税金資産および繰延税金負債の修正差額は，当該税率が変更された連結会計年度において，法人税等調整額を相手勘定として計上する（税効果適用指針52）。	－
● 投資と資本の消去	のれんに係る税効果	子会社株式等の取得に伴い，資本連結手続上，認識したのれんまたは負ののれんについて，繰延税金負債または繰延税金資産を計上しない（税効果適用指針43）。 （注）のれんの償却に対する税効果については下記「③ のれんの償却」参照。	「5　のれん」
● その他	子会社投資の個別上の簿価と連結上の簿価の差異に係る税効果	**図表Ⅱ－1－3**	「6　子会社が計上した損益」
	時価発行増資等に伴う持分変動に係る税効果	次の子会社に対する投資に係る連結財務諸表固有の一時差異に関する繰延税金資産または繰延税金負債については，資本剰余金を相手	「10　連結子会社の時価発行増資等による投資持分の増減」

		勘定として計上する。 ①子会社に対する投資について追加取得に伴い生じた親会社の持分変動による差額に係る連結財務諸表固有の一時差異 ②子会社に対する投資について当該子会社の時価発行増資等に伴い生じた親会社の持分変動による差額に係る連結財務諸表固有の一時差異 （税効果適用指針27）	
②非支配株主に帰属する当期純利益（改正前：少数株主損益）	－	－	－
③のれんの償却	子会社投資の個別上の簿価と連結上の簿価の差異に係る税効果	図表Ⅱ－1－3	「5 のれん」
④配当金消去	留保利益に係る税効果	図表Ⅱ－1－3	「8 受取配当連結消去による影響」
⑤未実現損益消去	未実現損益消去に係る税効果	• 未実現利益の消去に係る連結財務諸表固有の将来減算一時差異については，売却元の連結会社において売却年度に納付した当該未実現利益に係る税金の額を繰延税金資産として計上する。計上した繰延税金資産については，当該未実現利益の実現に応じて取り崩す。 また，未実現損失の消去に係る連結財務諸表固有の将来加算一時差異については，売却元の連結会社において売却年度に軽減された当該未実現損失	「4 未実現損益消去による影響」

		に係る税金の額を繰延税金負債として計上する。計上した繰延税金負債については，当該未実現損失の実現に応じて取り崩す（税効果適用指針34）。 • 未実現損益消去に係る一時差異には認識限度額が設けられている（税効果適用指針35・36）。	
⑥債権債務消去	貸倒引当金の減額修正に係る税効果	損金算入限度内で計上されたもの 原則として繰延税金負債を計上する（税効果適用指針32）。 損金算入限度を超過したもの 個別BS上計上した繰延税金資産を連結上取り崩す（税効果適用指針32・33）。	
⑦取引高消去	–	–	–
⑧持分法の適用	持分法に係る税効果	連結における処理に準ずる（持分法実務指針22）。	「11　持分法による投資損益」
⑨その他	繰延税金資産の回収可能性の検討	各納税主体ごとに個別BS上の繰延税金資産の計上額と合算し，回収可能性の判断要件に従って繰延税金資産の連結BSへの計上の可否および計上額を決定する（税効果適用指針8）。	–

図表Ⅱ－1－3　子会社投資に係る一時差異の税効果会計上の取扱い

一時差異の発生原因	一時差異の解消事由	取扱い
子会社の損失計上	投資評価減の損金算入または投資の売却等	原則 連結手続上，親会社において繰延税金資産を計上しない（税効果適用指針22）。 税効果を認識するケース 次の要件のいずれも満たす場合に

		おいては繰延税金資産を計上する。①将来減算一時差異が，予測可能な将来，損金算入が認められる評価減の要件を満たすか，あるいは，第三者への投資の売却によって解消される可能性が高いこと ②繰延税金資産の計上につき，連結上生じた繰延税金資産の回収可能性に係る判断要件が満たされること （税効果適用指針22）
のれんの償却	同上	同上 （税効果適用指針22・43・104）
為替換算調整勘定（貸方）の計上	同上	同上 （税効果適用指針22・104）
持分変動による差額（損）	同上	同上 （税効果適用指針117）
子会社の留保利益（配当送金されると見込まれるもの）	配当受領（追加税金の発生する場合のみ）	投資後，子会社が利益を計上した場合，留保利益のうち，将来の配当により親会社において追加納付が発生すると見込まれる税金額を各連結会計期末において親会社の繰延税金負債として計上する（配当に係る課税関係が生じない可能性が高い場合を除く）（税効果適用指針24）。
子会社の留保利益（配当送金されると見込まれるもの以外）	投資の売却等	原則 将来加算一時差異につき繰延税金負債を計上する（税効果適用指針23）。 税効果を認識しないケース 親会社がその投資の売却を親会社自身で決めることができ，かつ，予測可能な将来の期間に，その売却を行う意思がない場合には，当該将来加算一時差異に対して税効果を認識しない（税効果適用指針23）。
負ののれんの償却または発生益	同上	同上 （税効果適用指針43）

為替換算調整勘定（借方）の計上	同上	同上
		（税効果適用指針22・104）
持分変動による差額（益）	同上	同上
		（税効果適用指針117）

まとめ ･･

　第1章では，連結財務諸表に係る税率差異を理解するうえで，その前提となる連結財務諸表に係る税効果会計の概要について説明しました。連結財務諸表における税率差異は，連結会社各社の財務諸表自体に生じている税率差異と，連結修正により生じる税率差異によって構成されています。主な連結手続ごとに，税効果会計適用上どのようなポイントがあるのか押さえておくことが大切です。

連結財務諸表の税率差異分析にあたっては，連結手続，連結税効果をきちんと理解していることが大切です。

第2章

連結財務諸表に係る
税率差異の要因

✋この章の目標
- 連結財務諸表に係る税率差異要因にはどのようなものがあるかを把握する。
- 連結財務諸表に係る各種の税率差異要因について，設例等を踏まえて理解する。

1 概　要

　本章では，連結財務諸表に係る税率差異の要因にはどのようなものがあるかを具体的に見ていくことにしますが，実際には，税率差異はさまざまな要因によって生じ得るものですので，ここではあくまでも主なもののみを見ていくことに留めます。

　また，連結財務諸表における税効果会計の注記において，税率差異の発生要因別の開示をする場合には，どのように発生要因を区分して集計するかによっても，実際の開示は異なるものになると思われますので，開示上，必ずしも本章における税率差異の発生要因の区分に従うものではない点はあらかじめお断りしておきます。

　では，連結財務諸表に係る税率差異の要因にはどのようなものがあるのでしょうか。

　前章で，連結財務諸表における税率差異は，連結会社各社の財務諸表自体に生じている税率差異と，連結修正により生じる税率差異によって構成されることを説明しました。

　本章では，これらの税率差異について，以下の項目を取り上げ，適宜設例を交えながら説明していくことにします。

　なお，本書に記載している設例は読者の方々の理解に資するよう簡便化を図っていますので，実際の経済環境や各企業の実情等に応じて状況は異なることに留意する必要がある点をあらかじめお断りしておきます。

【連結会社各社の財務諸表自体に生じている税率差異の例】
- 各社の個別財務諸表上に生じる税率差異
- 連結子会社の適用税率差異

【連結修正により生じる税率差異の例】
- 未実現損益消去による影響
- のれん
- 子会社が計上した損益
- 為替換算調整勘定
- 受取配当連結消去による影響
- 子会社における税率変更
- 連結子会社の時価発行増資による投資持分の増減
- 持分法による投資損益

いろんな差異要因があるなぁ…

2 各社の個別財務諸表上に生じる税率差異

　連結財務諸表は連結会社各社の個別財務諸表を合算したうえで作成されますので，連結会社各社の個別財務諸表において生じている税率差異は，連結財務諸表上でも税率差異の要因となってきます。

　以下の設例1で確認してみましょう。

設例1 各社の個別財務諸表上で生じる税率差異

1 前提条件

- 法定実効税率は親会社と子会社Aが30%，子会社Bが25%
- 単純化のため，子会社A・子会社Bとも親会社の持分比率は100%で，連結修正項目はなく，合算PLが連結PLとなっているものとする。
- 連結会社各社のPLおよび連結PLは，図表Ⅱ－2－1のとおりとなっているものとする。

図表Ⅱ－2－1 連結会社各社のPLおよび連結PL

	親会社	子会社A	子会社B	連結修正	連結PL	
税引前当期純利益	350	100	200	－	650	
法人税等 ^(※)	170	25	85	－	280	⟨図表Ⅱ－2－2より
法人税等調整額	△20	29	△13	－	△4	⟨図表Ⅱ－2－3より
法人税等合計 （法人税等負担率）	150 (42.9%)	54 (54%)	72 (36%)	－	276 (42.5%)	
当期純利益	200	46	128	－	374	

（※）「法人税等」は「法人税，住民税及び事業税」の略称として使用している。

- 「法人税等」の計算過程は，図表Ⅱ－2－2のとおりとなっているものとする。

図表Ⅱ－2－2 「法人税等」の計算過程

	親会社	子会社A	子会社B	連結修正	連結PL
税引前当期純利益	350	100	200	－	650
永久差異項目【加算】（X）	80	40	80	－	200
永久差異項目【減算】（Y）	△30	△10	△20	－	△60
一時差異項目【加算】	200	50	100	－	350
一時差異項目【減算】	△100	△130	△60	－	△290
合計：課税所得（①）	500	50	300	－	850
各社の法定実効税率（②）	30%	30%	25%		
税額（③＝①×②）	150	15	75	－	240
住民税均等割（④）	20	10	10		40
法人税等（③＋④）	170	25	85	－	280

⟨図表Ⅱ－2－1へ⟩

- 「法人税等調整額」の計算過程は，図表Ⅱ－2－3のとおりとなって
  いるものとする。

図表Ⅱ－2－3 「法人税等調整額」の計算過程

	親会社	子会社A	子会社B	連結修正	連結PL
一時差異項目【加算】	200	50	100	－	350
一時差異項目【減算】	△100	△130	△60	－	△290
計（①）	100	△80	40	－	60
各社の法定実効税率（②）	30%	30%	25%		
法人税等調整額（評価性引当考慮前）（③＝△①×②）	△30	24	△10		△16
評価性引当額の増減（④）	10	5	△3	－	12

法人税等調整額 （③＋④）	△20	29	△13	－	△4	⟨図表Ⅱ－2－1へ

【 2 　解説 】

以上を前提に，「連結税率差異」の計算過程を見てみましょう。

まず，図表Ⅱ－2－4を参照してください。

【 図表Ⅱ－2－4 】「連結税率差異」の計算

	親会社	子会社 A	子会社 B	連結 修正	連結PL （①）	税率差異の 算定（※）
法人税等合計 （図表Ⅱ－2－1より）	150	54	72	－	276	42.5%
税引前当期純利益× 親会社税率（30%）	105	30	60	－	195	30%
差異	45	24	12	－	81	12.5%

（※）「上表①欄÷連結税引前当期純利益650」にて算出。

これが連結上の税率差異

　図表Ⅱ－2－1のとおり，連結PL上の表面税率（法人税等合計276÷連結税引前当期純利益650）は42.5%となっています。一方，親会社の法定実効税率は30%ですので，連結税率差異は12.5%です。この12.5%は図表Ⅱ－2－4の各社の税額差異合計81を連結税引前当期純利益650で除すことによって計算できます。では，この連結税率差異はどのようにして生じたものでしょうか。

　税額ベースの差異を会社ごとに見ると，親会社で45，子会社Aで24，子会社Bで12生じています。そして，それぞれの税額ベースの差異がどのように生じたものなのかは，図表Ⅱ－2－5で確認することができます。

図表Ⅱ－2－5　連結税率差異の内訳の計算

	親会社	子会社A	子会社B	連結修正	連結PL（①）	税率差異の算定(※1)
永久差異項目【加算】×親会社税率30%	24	12	24	－	60	9.2%
永久差異項目【減算】×親会社税率30%	△9	△3	△6	－	△18	△2.8%
住民税均等割	20	10	10	－	40	6.2%
評価性引当額の増減	10	5	△3		12	1.8%
子会社税率差異			(※2)△13		△13	△2.0%
計	45	24	12	－	81	12.5%

この行の金額は，（図表Ⅱ－2－2の X ×30%）

この行の金額は，（図表Ⅱ－2－2の Y ×30%）

この列が連結税率差異の内訳

（※1）「上表①欄÷連結税引前当期純利益650」にて算出。

（※2）（子会社税引前当期純利益200＋永久差異項目（加算）80－永久差異項目（減算）20）×（子会社B税率25%－親会社税率30%）＝△13

　連結会社各社（親会社，子会社A，子会社B）の財務諸表を見ると，それぞれの財務諸表上で永久差異項目（加算），永久差異項目（減算），住民税均等割および評価性引当額の増減といった税額ベースの差異の要因となる項目が生じており，これが連結上の税額ベースの差異を構成しています。

　図表Ⅱ－2－5の「親会社」の列を見てください。親会社の税額ベースの差異合計45は，永久差異項目（加算）の影響24，永久差異項目（減算）の影響△9，住民税均等割の影響20，評価性引当額の増減の影響10から構成されています。同様に，子会社Aおよび子会社Bにおいてもこれらが税額ベースの差異を構成しています。

　このように，連結財務諸表は連結会社各社の財務諸表が合算される結

果，連結会社において生じている税額ベースの差異の要因が，連結PL
上でもそれぞれ税率差異の要因になっていることがおわかりになると思
います。

　なお，このほか，子会社Bは親会社と法定実効税率が異なるため，親
会社と子会社Bの税率差異の影響についても連結税率差異の要因となっ
ています（税額差異△13，税率差異△2.0%）。

3　連結子会社の適用税率差異

　連結財務諸表は連結会社各社の財務諸表を合算したうえで連結修正を
反映させて作成します。

　親会社や連結子会社の財務諸表は各国の法定実効税率をベースにして
税効果会計を適用して作成されます。親会社や各連結子会社の法定実効
税率は，各国の税制等の違いから，それぞれ異なる税率になっています。

　これに対して，連結財務諸表における税率差異はあくまでも親会社の
法定実効税率がベースになって，親会社における法定実効税率と連結財
務諸表における法人税等負担率（税金等調整前当期純利益に対する法人
税等・法人税等調整額の合計額の割合）との間で調整されますので，親

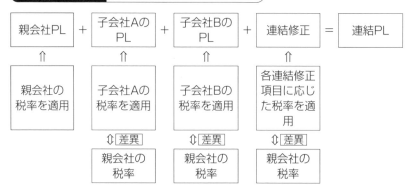

図表Ⅱ－2－6　連結子会社の適用税率差異

会社と連結子会社との間で法定実効税率に差異がある場合には，連結財務諸表において税率差異が生じることになります。

以下の設例で，子会社の適用税率が親会社の税率と異なることにより連結税率差異が生じるしくみを確認してみましょう。

設例2　連結子会社の適用税率差異

（1　前提条件）

- 親会社は，法定実効税率30%，税引前当期純利益300
- 連結子会社は，法定実効税率25%，税引前当期純利益100
- 親会社，連結子会社ともに税率差異は生じていない。
- 特段の連結修正項目はない。

	親会社	連結子会社	合計
税引前当期純利益	300	100	400
法人税等負担額[※]	90	25	115
（法人税等負担率）	（30%）	（25%）	（28.8%）
当期純利益	210	75	285

[※]「法人税等負担額」は法人税等と法人税等調整額の合計。

（2　解説）

本設例では，親会社，連結子会社ともに税率差異は生じていないという前提としているため，親会社の法人税等負担額は，税引前当期純利益300に親会社の法定実効税率30%を乗じた90となっています。一方，連結子会社の法人税等負担額は，税引前当期純利益100に連結子会社の法定実効税率25%を乗じた25となっています。この結果，両者を合算した連結ベースでは，税引前当期純利益400に対して法人税等負担額は115となり，法人税等負担率は28.8%となっています。

連結財務諸表上の法人税等負担率28.8%と，法定実効税率（＝親会社の法定実効税率）30%との間に△1.2%の税率差異が生じています。これが子会社の適用税率差異になります。

　子会社が親会社と同じ法定実効税率30%であった場合と比べると，100×(30%−25%)＝5だけ法人税等負担額が少ない状態になっており，5÷400＝1.2%だけ，連結財務諸表上の法人税等負担率が低い状態になっているのです。

　すなわち，子会社の法定実効税率が親会社の法定実効税率と異なることにより生じた連結上の税率差異であるといえます。

　連結財務諸表の税率差異の注記の中で，「連結子会社の適用税率差異」「提出会社との税率差異」「在外子会社税率差異」といった項目が記載されているケースがありますが，これらは本件のような税率差異を集計したものと考えられます。

4　未実現損益消去による影響

(1)　未実現損益消去に係る税効果

　未実現損益消去に関連して生ずる税率差異について考えるうえでは，その前段階として，未実現損益消去に係る税効果のポイントを理解しておく必要があります。

　したがって，ここではまず，未実現損益消去に係る税効果のポイントを整理しておくことにしましょう。

　ポイントとなる点は，大きくは，①適用税率，②一時差異の認識限度額の2点です。

①　適用税率
　連結上消去された未実現損益に係る繰延税金資産の計上額は，売却元において売却年度の課税所得に適用された法定実効税率を使用して計算することになります。

　そして，売却元に適用される税率がその後改正されたとしても，繰延

税金資産は，その税率変更の影響を受けないこととなります（税効果適用指針34）。

②　一時差異の認識限度額

未実現利益の消去に係る将来減算一時差異の額は，売却元の売却年度における課税所得額を超えてはならないこととされています。

また，未実現損失の消去に係る将来加算一時差異の額は，売却元の連結会社の売却年度における課税所得の額を上限とすることとされています（税効果適用指針35）。

(2)　税率差異

連結上消去された未実現損益は連結財務諸表固有の一時差異に該当するため，基本的には税効果を認識することになります。このため，未実現損益の消去は税率差異の要因にならないようにも考えられますが，税率差異が生じるケースもあります。

以下，いくつかの設例で確認してみることにしましょう。

①　親会社から子会社への資産売却の場合

まず，親会社から子会社への資産売却の場合における税率差異への影響について，以下の設例3から設例5で確認してみましょう。

設例3　親会社と子会社の法定実効税率が同じで，未実現損益消去に係る税効果未認識額がないケース

1　前提条件

- 親会社，子会社ともに法定実効税率は30%
- 親会社から子会社への資産売却に伴う未実現利益100

	親会社	子会社	計	連結修正	連結PL
売却益	100	－	100	△100	－
その他の損益	200	100	300	－	300
税引前当期純利益	300	100	400	△100	300
法人税等	90	30	120	－	120
法人税等調整額	－	－	－	△30	△30
法人税等合計 （法人税等負担率）	90 （30%）	30 （30%）	120	△30	90 （30%）
当期純利益	210	70	280	△70	210

2 解説

本設例では，親会社の計上した売却益100が連結上消去されるとともに，当該売却益に対して売却元である親会社が計上した法人税等30（100×30%）に相当する税効果を認識し，法人税等調整額△30（貸方）を計上します。

この結果，連結PLの法人税等合計は90，法人税等負担率は30%となり，税率差異は生じていません。

設例4 親会社と子会社の法定実効税率が異なり，未実現損益消去に係る税効果未認識額がないケース

1 前提条件

- 法定実効税率は，親会社30%，子会社25%
- 親会社から子会社への資産売却に伴う未実現利益100

	親会社	子会社	計	連結修正	連結PL
売却益	100	－	100	△100	－
その他の損益	200	100	300	－	300
税引前当期純利益	300	100	400	△100	300
法人税等	90	25	115	－	115
法人税等調整額	－	－	－	△30	△30

法人税等合計 （法人税等負担率）	90 （30%）	25 （25%）	115	△30	85 （28.3%）
当期純利益	210	75	285	△70	215

2　解説

　本設例では，親会社の計上した売却益100が連結上消去されるととも
に，当該売却益に対して売却元である親会社が計上した法人税等30（100
×30%）に相当する税効果を認識し，法人税等調整額△30（貸方）を計
上します。

　この結果，連結PLの法人税等合計は85，法人税等負担率は28.3%とな
り，税率差異が△1.7% (注)（＝28.3%－30%）生じています。ただし，こ
の税率差異は子会社の法定実効税率（25%）が親会社の法定実効税率
（30%）と異なることによるものですので，未実現利益の消去に伴い発
生したものというわけではありません。

　（注）子会社の税引前当期純利益100×（25%－30%）÷連結PLの税引前当期純利益
　　　300＝△1.7%

設例5　親会社と子会社の法定実効税率が同じで，未実現損益消去に係る税効果未認識額があるケース

1　前提条件

- 親会社，子会社ともに法定実効税率は30%
- 親会社から子会社への資産売却に伴う未実現利益100

	親会社	子会社	計	連結修正	連結PL
売却益	100	－	100	△100	－
その他の損益	△80	100	20	－	20
税引前当期純利益	20	100	120	△100	20
法人税等	6	30	36	－	36
法人税等調整額	－	－	－	△6	△6

法人税等合計 (法人税等負担率)	6 (30%)	30 (30%)	36	△6	30 (150%)
当期純利益	14	70	84	△94	△10

(2 解説)

　未実現利益の消去に係る将来減算一時差異の額は，売却元の売却年度における課税所得額を超えてはならないこととされています。

　本設例では，親会社は子会社への資産売却益100を計上していますが，その他の損益では80の損失を計上しており，税引前当期純利益は20（課税所得も同額であるものとします）に留まっています。

　このため，連結上消去された売却益100に対して，一時差異を認識できる限度額は20となり，税効果を認識できる額は6（20×30%）に留まります。この結果，連結PL上の法人税等負担率は150%となり，税率差異が120%$^{(注)}$（=150%－30%）となっています。

　　(注)（売却益100－一時差異認識限度額20）×30%÷連結税引前当期純利益20＝
　　　120%

　このように，未実現利益の消去に係る将来減算一時差異の認識限度額に引っかかった場合には，税率差異が生じることがわかります。

② 子会社から親会社への資産売却の場合

　次に，子会社から親会社への資産売却の場合について，以下の設例6および設例7で確認してみましょう。

設例6	親会社と子会社の法定実効税率が異なり，未実現損益消去に係る税効果未認識額がないケース

(1 前提条件)

- 法定実効税率は，親会社30%，子会社25%
- 親会社の子会社に対する持分比率は80%

● 子会社から親会社への資産売却に伴う未実現利益100

	親会社	子会社	計	連結修正	連結PL
売却益	－	100	100	△100	－
その他の損益	300	100	400	－	400
税引前当期純利益	300	200	500	△100	400
法人税等	90	50	140	－	140
法人税等調整額	－	－	－	△25	△25
法人税等合計 （法人税等負担率）	90 （30%）	50 （25%）	140	△25	115 （28.8%）
当期純利益	210	150	360	△75	285

（2）　解説

　本設例では，子会社の計上した売却益100が連結上消去されるとともに，当該売却益に対して売却元である子会社が計上した法人税等25（100×25%）に相当する税効果を認識し，法人税等調整額△25（貸方）を計上します。

　なお，親会社の子会社に対する持分比率が80%ですので，15（＝（売却益消去100－法人税等調整額25）×20%）だけ非支配株主に帰属する当期純利益が発生しますが，非支配株主に帰属する当期純利益は税率差異の計算過程には含まれませんので，税率差異には影響しません。

　以上の結果，連結PL上の法人税等負担率は28.8%となり，税率差異が△1.2%[注]（＝28.8%－30%）となっています。ただし，この税率差異は子会社の法定実効税率（25%）が親会社の法定実効税率（30%）と異なることによるものですので，未実現利益の消去に伴い発生したものというわけではありません。

　（注）売却益100×（25%－30%）÷連結税引前当期純利益400＝△1.2%

| 設例7 | 親会社と子会社の法定実効税率が同じで，未実現損益消去に係る税効果未認識額があるケース |

1　前提条件

- 親会社，子会社ともに法定実効税率は30%
- 親会社の子会社に対する持分比率は80%
- 子会社から親会社への資産売却に伴う未実現利益100

	親会社	子会社	計	連結修正	連結PL
売却益	－	100	100	△100	－
その他の損益	200	△ 80	120	－	120
税引前当期純利益	200	20	220	△100	120
法人税等	60	6	66	－	66
法人税等調整額	－	－	－	△6	△6
法人税等合計 （法人税等負担率）	60 （30%）	6 （30%）	66	△6	60 （50%）
当期純利益	140	14	154	△ 94	60

2　解説

　未実現利益の消去に係る将来減算一時差異の額は，売却元の売却年度における課税所得額を超えてはならないこととされています。

　本設例では，子会社が親会社への資産売却益100を計上していますが，その他の損益では80の損失を計上しており，税引前当期純利益は20（課税所得も同額であるものとします）に留まっています。このため，連結上消去された売却益100に対して，一時差異を認識できる限度額は20となり，税効果を認識できる額は6（20×30%）に留まります。

　なお，親会社の子会社に対する持分比率が80%ですので，19（＝（売却益消去100－法人税等調整額6）×20%）だけ非支配株主に帰属する当期純利益が発生しますが，非支配株主に帰属する当期純利益は税率差異の計算過程には含まれませんので，税率差異には影響しません。

　以上の結果，連結PL上の法人税等負担率は50%となり，税率差異が

20%^(注)（＝50%－30%）となっています。

　（注）（売却益100－一時差異認識限度額20)×30%÷連結税引前当期純利益120＝
　　　20%

　このように，未実現利益の消去に係る将来減算一時差異の認識限度額
に引っかかった場合には，税率差異が生じることがわかります。

(3)　税率変更があった場合

　未実現利益消去に係る税効果に関しては，「未実現損益の消去に係る
繰延税金資産または繰延税金負債の額については，税法の改正に伴い税
率等が変更されても修正しない」（税効果適用指針56）ものとされてい
ます。
　このため，未実現利益の消去をした際に売却元に適用されていた法定
実効税率がその後改正された場合には，グループ外に当該資産を売却し
た時に税率差異が生じることになります。
　以下の設例8で確認してみましょう。

設例8　未実現損益消去に係る税効果未認識額があり，税率変更が生じたケース

1　前提条件

- 親会社，子会社ともに法定実効税率は30%
- 過年度に，親会社から子会社への資産売却に伴う未実現利益100を消
　去した。その時の法定実効税率は35%であり，連結消去の際に35の税
　効果（繰延税金資産）を認識していた。
- 子会社は当期にグループ外に当該資産を売却し，売却益30を計上した。

	親会社	子会社	計	連結修正	連結PL
売却益	－	30	30	100	130
その他の損益	200	70	270	－	270
税引前当期純利益	200	100	300	100	400
法人税等	60	30	90	－	90
法人税等調整額	－	－	－	35	35
法人税等合計 （法人税等負担率）	60 （30%）	30 （30%）	90	35	125 （31.3%）
当期純利益	140	70	210	65	275

2　解説

　本設例では，過年度において親会社が子会社への資産売却益100を計上し，その際の連結消去でその時点の法定実効税率35%を適用して繰延税金資産35を認識していました。その後，税率が30%に改正されましたが，当該未実現利益の消去に係る繰延税金資産の金額は変更しないこととされていますので，35のままとなっています。

　当該資産がグループ外に売却されたことに伴い連結上は130の売却益（親会社過年度計上分100＋子会社当期計上分30）を計上するとともに，繰延税金資産35を取り崩し，法人税等調整額（借方）に計上します。

　この結果，連結PLの法人税等合計は125，法人税等負担率は31.3%となり，税率差異が1.3%[注]（＝31.3%－30%）生じています。

　（注）　旧税率の下での売却益100×（改正前税率35%－改正後税率30%）÷連結PLの
　　　　税引前当期純利益400=1.3%

(4)　完全支配関係にある国内会社間の譲渡取引の損益の繰延べ

　平成22年度の税制改正で，完全支配関係にある国内会社間の譲渡取引の損益の繰延べの制度が導入されました。

　これに関連して，以下の設例9で税率差異への影響を見てみましょう。

設例9 　親会社と子会社の法定実効税率が同じで，未実現損益消去に係る税効果未認識額がないケース

1　前提条件

- 親会社，子会社ともに法定実効税率は30%
- 親会社から子会社への資産売却に伴う未実現利益100

	親会社	子会社	計	連結修正	連結PL
売却益	100	－	100	△100	－
その他の損益	200	100	300	－	300
税引前当期純利益	300	100	400	△100	300
法人税等	60	30	90	－	90
法人税等調整額	30	－	30	△30	－
法人税等合計 （法人税等負担率）	90 (30%)	30 (30%)	120	△30	90 (30%)
当期純利益	210	70	280	△70	210

2　解説

　本設例では，親会社の計上した売却益100に対する課税が繰り延べられるため，まず親会社の個別財務諸表上で，親会社の計上した売却益100に対する税効果を認識することになります

法人税等調整額　30　／　繰延税金負債　30

　連結上は，親会社の計上した売却益が消去されますので，当該売却益に対して親会社が計上した税効果（法人税等調整額30）を連結上消去します。

　この結果，連結PLの法人税等合計は90，法人税等負担率は30%となり，税率差異は生じていません。

具体的に考えていくとだんだん
わかってきますね。

5　の れ ん

(1)　のれんに係る税効果

　のれんに関連して生ずる税率差異について考えるうえでは，その前段階として，のれんに係る税効果のポイントを理解しておく必要があります。

　したがって，ここではまず，のれんに係る税効果のポイントを整理しておくことにしましょう。

　ポイントとなる点は，大きくは，①投資時（のれん発生時）の税効果，②のれん償却額に係る税効果の2点です。

①　投資時（のれん発生時）の税効果

　投資時における資本連結手続上，子会社への投資額と子会社資本の親会社持分額との間に差額が生じている場合は，のれんとして連結BS上の資産または負債に計上することとされています。

　のれんについては税務上の資産または負債の計上もその償却額の損金または益金算入も認められておらず，また，子会社における個別BS上の簿価は存在しないことから一時差異が生じますが，これについて繰延税金負債または繰延税金資産は計上しないものとされています（税効果適用指針43）。

　のれんに対しては税効果を認識するかどうかという論点がありますが，のれんが投資額と子会社の資産および負債の時価評価の純額の親会社持分額との差額であるため，のれんに対して子会社が税効果を認識すれば，のれんが変動し，それに対してまた税効果を認識するという循環が生じてしまうという問題があります。

　したがって，のれんに対しては税効果を認識しないこととされているのです（税効果適用指針145）。

　このことから，投資時に発生したのれんに対しては税効果が認識されません。

②　のれん償却額に係る税効果

　上記①では，投資時に発生したのれんに対しては税効果が認識されないことを説明しました。

　では，のれん償却額についても税効果は認識されないのでしょうか。

　これに関しては，予測可能な将来，親会社が子会社への投資を売却する可能性が高い場合等，所定の要件を満たした場合は税効果を認識することになります。

図表Ⅱ－2－7　のれんに係る税効果の取扱い

一時差異の発生原因	一時差異の解消事由	取扱い
投資と資本の消去	－	のれんについては税務上の資産または負債の計上もその償却額の損金または益金算入も認められておらず，また，子会社における個別BS上の簿価は存在しないから一時差異が生ずるが，これについて繰延税金負債・繰延税金資産は計上しない（税効果適用指針43）。
のれんの償却	投資評価減の損金算入または投資の売却等	原則 連結決算手続上，繰延税金資産を計上しない（税効果適用指針22）。

		税効果を認識するケース 次の要件のいずれも満たす場合においては繰延税金資産を計上する。 (1)　当該将来減算一時差異が，次のいずれかの場合により解消される可能性が高い。 　①予測可能な将来の期間に，子会社に対する投資の売却等を行う意思決定または実施計画が存在する場合 　②個別財務諸表において計上した子会社株式の評価損について，予測可能な将来の期間に，税務上の損金に算入される場合 (2)　当該将来減算一時差異に係る繰延税金資産に回収可能性があると判断される。 （税効果適用指針22）
負ののれんの償却または発生益	投資の売却等	原則 将来加算一時差異につき繰延税金負債を計上する（税効果適用指針23）。 税効果を認識しないケース 親会社が子会社に対する投資の売却等を当該親会社自身で決めることができ，かつ，予測可能な将来の期間に，子会社に対する投資の売却等を行う意思がない場合には，当該将来加算一時差異に対して税効果を認識しない（税効果適用指針23）。

(2)　税率差異

　のれんに関連した税効果の取扱いは上記(1)のとおりです。

　このため，①のれん償却額に対して税効果を認識しないケース，②新たにのれん償却額（過年度償却分も含む）に対して税効果を認識することとなったケース，③のれん償却額に対して税効果を認識しているケース，の各ケースが生ずることが考えられ，税率差異への影響も異なってきます。

　以下では，このうち，①のケースについて設例10で，②のケースについて設例11で確認していきましょう。

設例10　のれん償却額に対して税効果を認識しないケース

1　前提条件

- 当期にグループ外の会社の株式の80%を取得し，子会社化した。
- 当該子会社化に伴い，連結上ののれんが500発生した。
- 当該のれんは5年償却とし，当期に100を償却した。
- 親会社は当該子会社を売却する計画はない。
- 親会社，子会社ともに法定実効税率は30%

	親会社	子会社	計	連結修正	連結PL
のれん償却額	−	−	−	△100	△100
その他の損益	200	100	300	−	300
税引前当期純利益	200	100	300	△100	200
法人税等	60	30	90	−	90
法人税等調整額	−	−	−	−	−
法人税等合計 （法人税等負担率）	60 (30%)	30 (30%)	90	−	90 (45%)
当期純利益	140	70	210	△100	110

2　解説

　連結上のれん償却額100が計上されているのに対して，当該のれん償却額について税効果を認識しない場合には，のれん償却額に対応する法人税等調整額は計上されません。

　この結果，連結PL上の法人税等負担率は45%となり，税率差異が15%（＝45%−30%）となっています。

　このように，連結PLに計上されたのれん償却額について，税効果を認識する要件を満たさないために税効果を認識しない場合には，税率差異の要因となります。のれんは，その効果の発現する期間（原則として20年以内の期間）にわたって償却していきますので，のれん償却額を計上する各期間にわたって税率差異（法人税等負担率を引き上げる方向の差異）が生じることになります。

　また，のれんの減損処理が行われた場合も税率差異（法人税等負担率を引き上げる方向の差異）が生じることになります。

　負ののれんが生じる場合には，当該負ののれんが生じた事業年度の利益（負ののれん発生益）として処理することになりますが，負ののれん発生益を計上した場合も，税効果を認識しない場合には税率差異（法人税等負担率を引き下げる方向の差異）が生じることになります。

設例11　新たにのれん償却額に対して税効果を認識することとなったケース

1　前提条件

- 過年度にグループ外の会社の株式の80%を取得し，子会社化した。
- 当該子会社化に伴い，連結上ののれんが500発生した。
- 当該のれんは5年償却とし，当期に100を償却した。なお，過年度に300償却済みである。
- 当期に親会社は当該子会社を売却する意思決定を行い，のれん償却額に対して税効果を認識することとなった。
- 親会社，子会社ともに法定実効税率は30%

	親会社	子会社	計	連結修正	連結PL
のれん償却額	－	－	－	△100	△100
その他の損益	200	100	300	－	300
税引前当期純利益	200	100	300	△100	200
法人税等	60	30	90	－	90
法人税等調整額	－	－	－	△120	△120
法人税等合計 （法人税等負担率）	60 (30%)	30 (30%)	90	△120	△30 (△15%)
当期純利益	140	70	210	20	230

2　解説

　当期に親会社は子会社を売却する意思決定を行い，新たにのれん償却額（過年度償却分も含む）に対して税効果を認識することとなったこと

から，のれん償却額（累計）400について税効果を認識します。

すなわち120（＝400×30%）の繰延税金資産を計上するとともに，法人税等調整額（貸方）120を計上します。

この結果，連結PL上の法人税等負担率は△15%となり，税率差異が△45%（＝△15%－30%）となっています。

これは，当期ののれん償却額100だけでなく，過年度に償却済みの部分ののれん償却額300に対しても税効果を認識したことから，法定実効税率に比して45%[注]だけ法人税等負担率が軽減されていることによります。

（注）過年度償却済み分300×30%÷税引前当期純利益200＝45%

このように，従来，のれん償却額に対して税効果を認識していなかったものの，当期に新たに税効果を認識する要件を満たした場合には，税率差異が生じることになります。

6　子会社が計上した損益

(1)　子会社が計上した損益に係る税効果

子会社への投資後に，子会社が損益を計上すると，子会社への投資の連結BS上の価額と，親会社の個別BS上の投資簿価との間に差異が生じることになり，連結財務諸表固有の一時差異に該当します（税効果適用指針104）。

当該子会社への投資に係る一時差異は，親会社が保有する投資を売却した場合や，親会社が保有する投資に対して個別財務諸表上計上した投資評価減が税務上損金算入された場合，親会社が当該子会社からの配当を受領した場合に解消することになります（税効果適用指針104・108）。

子会社への投資に係る税効果については，予測可能な将来において，売却する意思が明確な場合または投資評価減の損金算入の要件が満たさ

れることとなる場合を除き，認識しないこととされています。

　また，配当受領を解消事由とする子会社の留保利益に係る税効果に関しては，通常，親会社は子会社の留保利益を回収するものであるので，原則として認識することとされています（税効果適用指針108）。

図表Ⅱ－2－8　子会社が計上した損益に係る税効果の取扱い

一時差異の発生原因	一時差異の解消事由	取扱い
子会社の損失計上	投資評価減の損金算入または投資の売却等	原則 連結手続上，親会社において繰延税金資産を計上しない（税効果適用指針22）。 税効果を認識するケース 次の要件のいずれも満たす場合においては繰延税金資産を計上する。 ①将来減算一時差異が，予測可能な将来，損金算入が認められる評価減の要件を満たすか，あるいは，第三者への投資の売却によって解消される可能性が高いこと ②繰延税金資産の計上につき，連結上生じた繰延税金資産の回収可能性に係る判断要件が満たされること （税効果適用指針22）
子会社の留保利益（配当送金されると見込まれるもの）	配当受領（追加税金の発生する場合のみ）	子会社に対する投資に係る連結財務諸表固有の将来加算一時差異のうち，子会社の留保利益（親会社の投資後に増加した子会社の利益剰余金をいう。このうち親会社持分相当額に限る）に係るもので，親会社が当該留保利益を配当金として受け取ることにより解消されるものについては，次のいずれかに該当する場合，将来の会計期間において追加で納付が見込まれる税金の額を繰延税金負債として計上する。 (1)親会社が国内子会社の留保利益を配当金として受け取るときに，当該配当金の一部または全部が税務上の益金に算入される場合 (2)親会社が在外子会社の留保利益を配当金として受け取るときに，次のいずれかまたはその両方が見込まれる場合

		①当該配当金の一部または全部が税務上の益金に算入される。 ②当該配当金に対する外国源泉所得税について，税務上の損金に算入されないことにより追加で納付する税金が生じる。 （税効果適用指針24）
子会社の留保利益（配当送金されると見込まれるもの以外）	投資の売却等	原則 将来加算一時差異につき繰延税金負債を計上する（税効果適用指針23）。 税効果を認識しないケース 親会社が子会社に対する投資の売却等を当該親会社自身で決めることができ，かつ，予測可能な将来の期間に，子会社に対する投資の売却等を行う意思がない場合には，当該将来加算一時差異に対して税効果を認識しない（税効果適用指針23）。

(2)　税率差異

　親会社が子会社に投資した後に子会社が計上した損益に関して，税率差異の要因となるか否かは，おおむね以下のように考えることができます。

- 税効果を認識している場合は，税率差異の要因とはならない。
- 当初，税効果を認識していなかったが，その後，税効果認識要件を満たし税効果を認識することとなった場合には，その段階で税率差異の要因となる。
- 税効果認識要件を満たさないまま推移し，売却等により一時差異が解消した場合には，売却等の段階で税率差異の要因となる。

(3)　子会社欠損金に係る税効果と税率差異

　子会社が欠損金を計上した場合，まず，子会社の個別財務諸表上で繰越欠損金に対する繰延税金資産を計上するか否かが問題となります。

　①収益力に基づく課税所得の十分性，②タックスプランニングの存在

および③将来加算一時差異の十分性を検討し，繰延税金資産の回収可能性を判断することになります。

　この結果，子会社の個別財務諸表上で繰越欠損金に対する繰延税金資産を計上していない場合が生じます。この場合には，子会社の個別財務諸表上で税率差異が生じることになります。

　また，子会社株式を取得した後に子会社が損失を計上すると，親会社にとっては子会社に対する投資に対して将来減算一時差異が発生することになります。当該将来減算一時差異に対して税効果を認識する場合としない場合とで税率差異への影響が異なってきます。

　以下に，親会社が子会社の計上した損失に対して税効果を認識しない場合の設例を挙げましたので，税率差異への影響を確認してみましょう。

設例12　子会社の計上した損失に対して税効果を認識しないケース

1　前提条件

• 親会社，子会社ともに法定実効税率は30%

	親会社	子会社	計	連結修正	連結PL
税引前当期純利益	300	△100	200	－	200
法人税等	90	－	90	－	90
法人税等調整額	－	－	－	－	－
法人税等合計 （法人税等負担率）	90 (30%)	－ (0%)	90	－	90 (45%)
当期純利益	210	△100	110	－	110

2　解説

　本設例では，子会社の個別財務諸表上で税引前当期純損失100を計上していますが，子会社では当該欠損金に対する繰延税金資産の回収可能性がないものとして繰延税金資産を計上していません。

　このため，子会社の個別財務諸表上では法人税等調整額が計上されておらず，当期純損失が100となっています。

　次に，連結上ですが，親会社は当該子会社を売却する意思等がなく，子会社への投資に係る一時差異に対する税効果を認識する要件を満たしていないとすると，連結上も子会社欠損金に対する税効果が認識されません。

　この結果，連結PL上の法人税等負担率は45%となり，税率差異が15%[注]（＝45%−30%）となっています。

　（注）子会社欠損金100×30%÷連結税引前当期純利益200＝15%

　このように，子会社欠損金に対する税効果を認識していない場合には，税率差異が生じることがわかります。

7　為替換算調整勘定

(1)　為替換算調整勘定に係る税効果

　為替換算調整勘定に対する税効果は，主に投資会社が株式を売却することによって実現するものであるため，投資会社が子会社等の株式を売却する意思が明確な場合に税効果を認識し，それ以外の場合には税効果を認識しないものとされています。

　税効果を認識する場合には，連結BSの純資産の部に計上される為替換算調整勘定は，それに対応して認識された繰延税金資産および繰延税金負債に見合う額を加減して計上することになります。

　なお，為替換算調整勘定は，発生時に連結上損益計上されていませんが，当該為替換算調整勘定の実現額は，子会社等の株式の売却時に個別決算上の売却損益に含めて損益計上される（親会社と子会社の支配関係が継続している場合を除く）ことになります。

（税効果適用指針27・104・116）

| 図表Ⅱ－2－9 | 為替換算調整勘定に係る税効果の取扱い | |

一時差異の発生原因	一時差異の解消事由	取扱い
為替換算調整勘定（貸方）の計上	投資評価減の損金算入または投資の売却等	原則 連結手続上，親会社において繰延税金資産を計上しない。 税効果を認識するケース 次の要件のいずれも満たす場合においては繰延税金資産を計上する。 ①将来減算一時差異が，予測可能な将来，損金算入が認められる評価減の要件を満たすか，あるいは，第三者への投資の売却によって解消される可能性が高いこと ②繰延税金資産の計上につき，連結上生じた繰延税金資産の回収可能性に係る判断要件が満たされること （税効果適用指針22・27・104・116）
為替換算調整勘定（借方）の計上	投資の売却等	原則 将来加算一時差異につき繰延税金負債を計上する。 税効果を認識しないケース 親会社が子会社に対する投資の売却等を当該親会社自身で決めることができ，かつ，予測可能な将来の期間に，子会社に対する投資の売却等を行う意思がない場合には，当該将来加算一時差異に対して税効果を認識しない。 （税効果適用指針23・27・104・116）

(2)　税率差異

　為替換算調整勘定は発生時に連結上損益計上されず，税効果を認識する場合も，為替換算調整勘定に対応して認識された繰延税金資産および繰延税金負債に見合う額を当該為替換算調整勘定に加減して計上することになる（法人税等調整額には計上されない）ため，為替換算調整勘定発生時には税率差異は生じません。

　また，当初，投資会社が子会社等の株式を売却する意思が明確でない

ことから為替換算調整勘定に対して税効果を認識していなかった場合において，その後，株式売却の意思が明確となり税効果を認識することとなった場合も，その税効果は当該為替換算調整勘定に加減して計上することになる（すなわち，法人税等調整額には計上されない）ため，この段階でも税率差異は生じません。

しかし，投資会社が子会社等の株式を売却する意思が明確でないことから為替換算調整勘定に対して税効果を認識していなかった場合において，その後も税効果を認識する要件を満たさないままの状態で推移したうえで，実際に株式の売却が行われて為替換算調整勘定の実現額（連結PLに計上）が生じることとなったような場合には，税率差異が生じることになると考えられます。

8　受取配当連結消去による影響

(1)　受取配当連結消去に係る税効果

子会社の留保利益に関連した税効果の取扱いを整理すると，図表Ⅱ－2－10のようになります。

配当送金されると見込まれるか否かで取扱いが異なりますので，注意する必要があります。

図表Ⅱ－2－10 子会社の留保利益に係る税効果の取扱い

一時差異の発生原因	一時差異の解消事由	取扱い
子会社の留保利益（配当送金されると見込まれるもの）	配当受領（追加税金の発生する場合のみ）	子会社に対する投資に係る連結財務諸表固有の将来加算一時差異のうち，子会社の留保利益（親会社の投資後に増加した子会社の利益剰余金をいう。このうち親会社持分相当額に限る）に係るもので，親会社が当該留保利益を配当金として受け取ることにより解消され

		るものについては，次のいずれかに該当する場合，将来の会計期間において追加で納付が見込まれる税金の額を繰延税金負債として計上する。 (1)親会社が国内子会社の留保利益を配当金として受け取るときに，当該配当金の一部または全部が税務上の益金に算入される場合 (2)親会社が在外子会社の留保利益を配当金として受け取るときに，次のいずれかまたはその両方が見込まれる場合 ①当該配当金の一部または全部が税務上の益金に算入される。 ②当該配当金に対する外国源泉所得税について，税務上の損金に算入されないことにより追加で納付する税金が生じる。 　　　　　　　　（税効果適用指針24）
子会社の留保利益（配当送金されると見込まれるもの以外）	投資の売却等	原則 将来加算一時差異につき繰延税金負債を計上する（税効果適用指針23）。 税効果を認識しないケース 親会社が子会社に対する投資の売却等を当該親会社自身で決めることができ，かつ，予測可能な将来の期間に，子会社に対する投資の売却等を行う意思がない場合には，当該将来加算一時差異に対して税効果を認識しない（税効果適用指針23）。

(2)　税率差異

　受取配当連結消去に伴う税率差異への影響について，以下の設例で考えてみましょう。

設例13　国内の100%子会社からの受取配当のケース

1　前提条件

- 親会社，子会社ともに法定実効税率は30%
- 親会社の個別財務諸表上は，以下のとおり税額が計算されているものとする。

—受取配当益金不算入　80×100％＝80

—配当に係る源泉税　80×20％＝16

—課税所得　280－80＝200

—法人税等　200×30％－16＋16＝60（配当源泉税につき全額控除）

	親会社	子会社	計	連結修正	連結PL
受取配当金	80	－	80	△80	－
その他の損益	200	100	300	－	300
税引前当期純利益	280	100	380	△80	300
法人税等	60	30	90	－	90
法人税等調整額	－	－	－	－	－
法人税等合計 （法人税等負担率）	60 (21.4%)	30 (30%)	90	－	90 (30%)
当期純利益	220	70	290	△80	210

（ 2 　解説 ）

　まず，上表中の「親会社」の列を見てください。親会社の個別財務諸
表上，国内の100％子会社からの受取配当金については全額益金不算入
となっています。

　これにより，親会社の個別PLでは受取配当益金不算入80があるため
に，法人税等負担率が21.4％と法定実効税率30％より低くなっています。

　連結上は，子会社からの受取配当金は消去されます。これに対して，
法人税等調整額については特段の連結修正が入っていません。

　この結果，親会社の個別財務諸表上で生じていた受取配当益金不算入
の影響による法人税等負担率の低下分が，連結財務諸表上では解消され，
連結上の法人税等負担率は30％となっています。

設例14　外国子会社からの受取配当のケース

（ 1 　前提条件 ）

• 法定実効税率は，親会社30％，子会社25％

- 親会社の個別財務諸表上は，以下のとおり税額が計算されているものとする。
  - 受取配当益金不算入　$100 \times 95\% = 95$
  - 配当に係る源泉税　$100 \times 10\% = 10$
  - 課税所得　$300 - 95 = 205$
  - 法人税等　$205 \times 30\% + 10 = 71$
- 子会社の留保利益のうち配当が見込まれる分に対して過年度より連結上税効果を認識している（追加見積税率$5\% \times 30\% + 10\% = 11.5\%$）。
- 当期に子会社より受けた配当100に対しては12（$= 100 \times 11.5\%$）の繰延税金負債の取崩しを行う。

	親会社	子会社	計	連結修正	連結PL
受取配当金	100	－	100	△100	－
その他の損益	200	150	350	－	350
税引前当期純利益	300	150	450	△100	350
法人税等	71	45	116	－	116
法人税等調整額	－	－	－	5	5
法人税等合計 （法人税等負担率）	71 (23.7%)	45 (30%)	116	5	121 (34.6%)
当期純利益	229	105	334	△105	229

(2 　解説)

　まず，上表中の「親会社」の列を見てください。親会社の個別財務諸表上，海外子会社からの受取配当金については95%が益金不算入となっています。

　これにより，親会社の個別PLでは受取配当益金不算入95があるために，法人税等負担率が23.7%と法定実効税率30%より低くなっています。

　連結上は，子会社からの受取配当金は消去されます。また，子会社の留保利益のうち配当が見込まれる分に対しては過年度より連結上税効果を認識しているため，当期の受取配当に対応してすでに計上している繰

延税金負債12を取り崩し，法人税等調整額（貸方）に計上します。

　この結果，親会社の個別財務諸表上で生じていた受取配当益金不算入の影響による法人税等負担率の低下分が，連結財務諸表上では解消されています^(注)。

　ただし，子会社が当期計上した利益150に対して，将来配当が見込まれるため，17（=150×追加見積税率11.5%）だけ連結上税効果を別途認識します。

　（注）　本設例では，連結上の法人税等負担率34.6%と法定実効税率30%とで差異が
　　　ありますが，これは子会社の税率（25%）が親会社の税率（30%）と異なること
　　　による影響と，子会社が当期計上した利益に対する税効果認識による影響です。

　なお，親会社での追加見積税率に変更が生じた場合や，留保利益の配当に関する方針に変更が生じた場合等（従来は配当しない方針で税効果を認識していなかったが，配当する方針に転換し税効果を認識した場合等）には，税率差異が生じることになります。

9　子会社における税率変更

(1)　子会社における税率変更に係る税効果

　「子会社の資産および負債の時価評価により生じた評価差額に係る一時差異について，子会社において税率が変更されたことによる繰延税金資産および繰延税金負債の修正差額は，当該税率が変更された連結会計年度において，法人税等調整額を相手勘定として計上する」（税効果適用指針52）こととされています。

　このため，子会社における税率が改正された場合，従来の税率で計算されている繰延税金資産・繰延税金負債を改正後の税率で計算し直し，差額は法人税等調整額に計上することとなります。

(2) 税率差異

　上記(1)のとおり，子会社における税率が改正された場合，従来の税率で計算されている繰延税金資産・繰延税金負債を改正後の税率で計算し直し，差額は法人税等調整額として損益に計上することとなるため，子会社における税率変更は，税率差異の要因となります。以下の設例で確認してみましょう。

設例15 子会社における税率が改正されたケース

1　前提条件

- 従来は，親会社，子会社ともに法定実効税率は30%であった。
- 当期，子会社の法定実効税率が25%に改正された。
- 税率変更前の子会社の繰延税金資産残高は300であった。

	親会社	子会社	計	連結修正	連結PL
税引前当期純利益	300	100	400	−	400
法人税等	90	30	120	−	120
法人税等調整額	−	−	−	50	50
法人税等合計 （法人税等負担率）	90 （30%）	30 （30%）	120	50	170 （42.5%）
当期純利益	210	70	280	△50	230

2　解説

　本設例では，改正前の子会社の税率30%に基づいて計上されている子会社の繰延税金資産300が，改正後の子会社の税率25%に基づいて計算した250に修正され，差額の50が法人税等調整額（借方）に計上されることになります。

　この結果，連結PLの法人税等合計は170，法人税等負担率は42.5%となり，税率差異が12.5%^(注)（＝42.5%−30%）となっています。

（注）繰延税金資産残高300×（30％－25％）÷30％÷連結税引前当期純利益400＝
12.5％

10　連結子会社の時価発行増資等による投資持分の増減

(1)　連結子会社の時価発行増資等による投資持分の増減に係る税効果

　連結子会社が時価発行増資等を行うことによって生じる投資持分の増減に係る税効果の取扱いは，以下のようになっています。

①　連結子会社の時価発行増資等による投資持分の増減の処理

　持分変動による差額は資本剰余金として処理します。

　持分変動による差額は一時差異に該当し，繰延税金資産・繰延税金負債の計上の可否および計上額を決定しなければなりません。当該一時差異に係る繰延税金資産・繰延税金負債を計上する場合，相手勘定を資本剰余金として計上します（税効果適用指針27）。

②　繰延税金資産・繰延税金負債の計上の可否

　繰延税金資産・繰延税金負債計上の可否については図表Ⅱ－2－11に整理しましたので，これを参照してください。

図表Ⅱ－2－11　持分変動差額に係る繰延税金資産・繰延税金負債計上の可否

一時差異の発生原因	一時差異の解消事由	取扱い
持分変動差額（損）	投資評価減の損金算入または投資の売却等	原則 連結手続上，親会社において繰延税金資産を計上しない（税効果適用指針27・22）。

		税効果を認識するケース 次の要件のいずれも満たす場合においては繰延税金資産を計上する。 ①将来減算一時差異が，予測可能な将来，損金算入が認められる評価減の要件を満たすか，あるいは，第三者への投資の売却によって解消される可能性が高いこと ②繰延税金資産の計上につき，連結上生じた繰延税金資産の回収可能性に係る判断要件が満たされること （税効果適用指針27・22）
持分変動差額（益）	投資の売却等	原則 将来加算一時差異につき繰延税金負債を計上する（税効果適用指針27・22）。 税効果を認識しないケース 親会社が子会社に対する投資の売却等を当該親会社自身で決めることができ，かつ，予測可能な将来の期間に，子会社に対する投資の売却等を行う意思がない場合には，当該将来加算一時差異に対して税効果を認識しない（税効果適用指針27・23）。

(2) 税率差異

　連結子会社の時価発行増資等により投資持分が増減しますが，この持分変動による差額は資本剰余金として処理するため，特に損益は発生せず，税率差異の要因とはならないものと考えられます。

11 持分法による投資損益

(1) 持分法による投資損益に係る税効果

　企業会計基準第16号「持分法に関する会計基準」（企業会計基準委員会）では，当該会計基準の適用にあたっては，会計制度委員会報告第9号「持分法会計に関する実務指針」（日本公認会計士協会）（以下「持分

法実務指針」という）も参照する必要があるとしています（持分法会計基準 2 ）。

　そして，持分法実務指針では，税効果会計の適用にあたっては，会計制度委員会報告第 6 号「連結財務諸表における税効果会計に関する実務指針」（日本公認会計士協会）（以下「連結税効果実務指針」という）および会計制度委員会報告第10号「個別財務諸表における税効果会計に関する実務指針」（日本公認会計士協会）（以下「個別税効果実務指針」という）に基づいて行うこととされています。

　ただし，2018年 2 月16日に，企業会計基準適用指針第28号「税効果会計に係る会計基準の適用指針」（企業会計基準委員会）（以下「税効果適用指針」という）が公表され，2018年 4 月 1 日以後開始する連結会計年度および事業年度の期首から適用され，連結税効果実務指針および個別税効果実務指針は廃止となったため，基本的に持分法の場合は，税効果適用指針ならびに持分法実務指針に従って処理をするものと考えられます。基本的には，持分法の場合も連結における処理に準じて税効果の処理を行うことになります。

(2)　税率差異

　持分法の適用に際しては，被投資会社の財務諸表の適正な修正や資産および負債の評価に伴う税効果会計の適用等，原則として，連結子会社の場合と同様の処理を行うものとされています（持分法会計基準 8 ）。

　持分法の適用に際しても持分法適用会社の財務諸表について税効果会計を適用することが必要となり，また，持分法の適用上生じた未実現損益の消去および被投資会社への投資等に係る一時差異について税効果会計を適用することが必要になります。持分法実務指針では，税効果会計の適用にあたっては連結税効果実務指針および個別税効果実務指針に基づいて行うこととされていますが，上述のとおり，税効果適用指針ならびに持分法実務指針に従って処理するものと考えられます（持分法実務指針22）。

このため，持分法の適用上生ずる以下のようなケースについては，連結の場合と同様，税率差異の要因となります。

- 未実現損益の消去に係る一時差異
- 被投資会社への投資等に係る一時差異

持分法に係る税率差異も，基本的に，これまで本書で説明してきた連結財務諸表に係る税率差異の内容に準じて考えることになります。以下の設例16および設例17で確認してみましょう。

設例16 持分法に係る税率差異―税効果未認識額がないケース

1 前提条件

- 親会社，子会社ともに法定実効税率は30%
- 持分法適用会社に対する持分比率は30%
- 持分法適用会社が当期純利益200を計上

	親会社	子会社	計	連結修正	連結PL
持分法投資利益	－	－	－	60	60
その他の損益	200	100	300	－	300
税引前当期純利益	200	100	300	60	360
法人税等	60	30	90	－	90
法人税等調整額	－	－	－	18	18
法人税等合計 （法人税等負担率）	60 (30%)	30 (30%)	90	18	108 (30%)
当期純利益	140	70	210	42	252

2 解説

本設例では，まず，持分法適用会社の当期純利益に対する投資会社（上表では「親会社」としています）の持分60（＝200×30%）が，持分法投資利益として連結修正で計上されます。この結果，持分法適用会社に対する投資額が60だけ増加し，投資会社側に一時差異が発生します。当該一時差異に対して投資会社において税効果を認識できる場合[注]に

は，18（＝持分法利益60×投資会社の税率30%）の税効果を認識し，連結上，次の仕訳を計上します。

法人税等調整額　18	／	繰延税金負債　18

以上より，連結PLの法人税等合計は108，法人税等負担率は30%となり，税率差異は生じていません。

（注）投資会社において税効果を認識できるか否かについては，次の図表Ⅱ－2－12を参照してください。

図表Ⅱ－2－12 被投資会社への投資等に係る一時差異の税効果会計上の取扱い

一時差異の発生原因	一時差異の解消事由	取扱い
関連会社の留保利益（配当送金されると見込まれるもの）	配当受領（追加税金の発生する場合のみ）	原則 持分法適用会社の留保利益のうち将来の配当により追加納付が発生すると見込まれる税金額を投資会社の繰延税金負債として計上する。すなわち，国内会社の場合には受取配当金の益金不算入として取り扱われない額，また，在外会社の場合には配当予定額に係る追加負担見込税額を繰延税金負債として計上する（持分法実務指針28）。 税効果を認識しないケース 持分法適用会社に留保利益を半永久的に配当させないという投資会社の方針または株主間の協定がある場合には，税効果を認識しない（持分法実務指針28）。
関連会社の留保利益（配当送金されると見込まれるもの以外）	投資の売却等	原則 将来加算一時差異につき繰延税金負債を計上する（持分法実務指針27）。 税効果を認識しないケース 投資会社が，その投資の売却を自ら決めることができることを前提として予測可能な将来の期間に売却する意思がない場合には，留保利益について税効果を認識しない（持分法実務指針27）。

のれんの償却額および負ののれんの処理額	投資の売却等（または投資評価減の損金算入）	税効果を認識しないケース のれんまたは負ののれんを償却または処理すると一時差異となり税効果会計の対象となるが，投資会社が，その投資の売却を自ら決めることができることを前提として予測可能な将来の期間に売却する意思がない場合には，当該一時差異に対しては繰延税金資産または繰延税金負債を計上しない（持分法実務指針29）。 税効果を認識するケース 予測可能な将来の期間に投資を売却するか，税務上の損金算入が認められる評価減の要件を満たす可能性が高くなった場合には当該将来減算一時差異に対して繰延税金資産を計上する。売却するという意思決定を行った場合は当該将来加算一時差異に対して繰延税金負債を計上する（持分法実務指針29）。
持分法適用会社の欠損金	同上	持分法適用会社が持分法適用日以降に欠損金を計上したときには，当該取得後欠損金は投資会社において税効果の対象となる。 投資会社が，その投資の売却を自ら決めることができることを前提として予測可能な将来の期間に売却の意思がないため欠損金について税効果を認識してこなかった場合であっても，次の要件をともに満たすこととなったときには，それを満たした範囲内で税効果を認識し，繰延税金資産を計上する。 ①投資会社が予測可能な将来の期間に持分法適用会社に対する投資について税務上の損金算入が認められる評価減の要件を満たすか，あるいは当該持分法適用会社の清算もしくは当該投資の売却によって当該将来減算一時差異を解消する可能性が高いこと ②投資会社の繰延税金資産の計上につき，回収可能性に係る判断要件を満たすこと （持分法実務指針30）

設例17 持分法に係る税率差異—税効果未認識額があるケース

1 前提条件

• 親会社，子会社ともに法定実効税率は30%

- 親会社の持分法適用会社に対する持分比率は30%
- 持分法適用会社が当期純利益200を計上

	親会社	子会社	計	連結修正	連結PL
持分法投資利益	−	−	−	60	60
その他の損益	200	100	300	−	300
税引前当期純利益	200	100	300	60	360
法人税等	60	30	90	−	90
法人税等調整額	−	−	−	−	−
法人税等合計 （法人税等負担率）	60 （30%）	30 （30%）	90	−	90 （25%）
当期純利益	140	70	210	60	270

2　解説

　本設例では，まず，持分法適用会社の当期純利益に対する投資会社（上表では「親会社」としています）の持分60（＝200×30%）が，持分法投資利益として連結修正で計上されます。

　この結果，持分法適用会社に対する投資額が60だけ増加し，投資会社側に一時差異が発生します。当該一時差異に対して投資会社において税効果を認識できる要件（前掲図表II−2−12参照）を満たさない場合には，当該一時差異に対して税効果を認識することができません。

　この結果，連結PL上の法人税等負担率は25%となり，税率差異が△5%[注]（＝25%−30%）となっています。

　（注）税効果を認識しなかった持分法利益額60×投資会社の法定実効税率30%÷連結税引前当期純利益360＝5%

まとめ ··

　第2章では，連結財務諸表に係る税率差異要因にはどのようなものがあるか，各種の税率差異要因について具体的にどのようなしくみで税率差異が生じるのかを，設例等を交えて説明しました。どのようなケース

で，どのように税率差異が生じるのかが確認できたと思います。

　本章で取り上げたもの以外にもさまざまな税率差異要因があると思いますので，本章で説明した内容を踏まえ，自社における税率差異要因を整理するとよいでしょう。

第3章

連結財務諸表に係る
税率差異分析ワークシート

☝**この章の目標**
- 連結財務諸表に係る税率差異分析ワークシートを確認する。

　本章では，連結財務諸表に係る税率差異分析ワークシートの例を示します。

　以下のワークシートの例と説明を参考に，各社工夫をして税率差異分析を行っていただければと思います。

図表Ⅱ－3－1 税率差異分析ワークシートの例

	親会社	子会社A	子会社B	連結修正	連結PL	税率差異の算定
法人税等合計（PLより）	×××	×××	×××	×××	×××	○% ②
税引前当期純利益×親会社税率	×××	×××	×××	×××	×××	○% ③
差異	××× ④	××× ④	××× ④	××× ④	×××	○% ①

これが連結上の税率差異

図表Ⅱ−3−2 差異分析

	親会社	子会社A	子会社B	連結修正	連結PL	税率差異の算定
（交際費等永久に損金に算入されない項目）×親会社税率	×××　5	×××　5	×××　5	−	×××	○%　12
（受取配当等永久に益金に算入されない項目）×親会社税率	×××　6	×××　6	×××　6	×××	×××	○%　12
住民税均等割	×××　7	×××　7	×××　7	−	×××	○%　12
評価性引当額の増減	×××　8	×××　8	×××　8	×××　9	×××	○%　12
未実現損益消去	−	−	−	×××　9	×××	○%　12
のれん償却額	−	−	−	×××　9	×××	○%　12
子会社税率差異	−	×××　10	×××　10	×××　10	×××	○%　12
計	×××	×××	×××	×××	×××	○%　12

この列が連結税率差異の内訳

　連結税率差異（図表Ⅱ−3−1 **1**）は，連結PL上の法人税等負担率（図表Ⅱ−3−1 **2**）（法人税等合計÷税金等調整前当期純利益）と親会社の法定実効税率（図表Ⅱ−3−1 **3**）の差で算定されます。

　この連結税率差異の発生要因を分析するために，まず，連結会社ごとの税額ベースの差異および連結修正に係る税額ベースの差異に分解していきます。

　すなわち，各連結会社（親会社，子会社A，子会社B）と連結修正ごとに，「法人税等合計」と「税引前当期純利益×親会社の法定実効税率」の差額を算出します（図表Ⅱ−3−1 **4**）。

　次に，それぞれの差異がどのような要因によって発生したのかを分析していきます。

　たとえば，「交際費等永久に損金に算入されない項目」の影響や「受取配当等永久に益金に算入されない項目」の影響，住民税均等割の影響，評価性引当額の増減等の要因が考えられます（図表Ⅱ－3－2 **5**～**8**）。

　なお，「交際費等永久に損金に算入されない項目」や「受取配当等永久に益金に算入されない項目」は，永久差異の金額に親会社の法定実効税率を乗じることにより，税額ベースでの影響として算出します（図表Ⅱ－3－2 **5**，**6**）。

　また，連結修正項目によって税率差異が生じているケースがありますので，連結修正項目についても差異要因に応じて税額ベースでの影響を抽出していきます（図表Ⅱ－3－2 **9**）。

　たとえば，未実現損益消去の影響やのれん償却額の影響等が考えられます。

　そして，子会社の税率や連結修正に際して使用した税率が，親会社の法定実効税率と異なることによって生じる税率差異への影響を集計するため，子会社税率差異の影響（図表Ⅱ－3－2 **10**）についても抽出します。

　こうして，税額ベースでの影響額の集計ができると，これを税率ベースでの差異として計算し（図表Ⅱ－3－2 **12**），連結税率差異として集計することができます。

▎まとめ ┈┈┈┈┈┈┈┈┈┈┈┈┈┈┈┈┈┈┈┈┈┈┈┈┈┈┈┈┈┈┈┈┈┈┈┈┈

　第3章では，連結財務諸表に係る税率差異分析ワークシートの例について説明しました。ワークシートのしくみを確認したうえで，自社に適した形のワークシートを作成するとよいでしょう。

参考1 「留保」「社外流出」って何？

　本書では「留保」「社外流出」という言葉が盛んに登場してきますが，ここで，「留保」「社外流出」について少し解説を加えます。

　法人税の課税所得の計算上加算・減算される金額のうち，その調整が税務上の利益積立金を構成するもの（会計上の簿価と税務上の簿価の差額となるもの）については留保として取り扱われ，この金額は別表五（一）「利益積立金額の計算に関する明細書」に転記されます。たとえば減価償却の償却超過額，有価証券評価損の税務否認額，税務上認められない各種引当金や，税務上の未確定債務などはこれに該当します。

【税務調整仕訳例一「留保」】

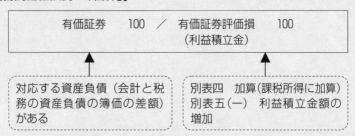

　一方で，税務調整により税務上の利益積立金が増減しない項目は，社外流出欄に記載され，別表五（一）に転記されません。具体的には交際費の損金不算入額や寄附金の損金不算入額などがこれに該当します。

【税務調整仕訳例一「社外流出」】

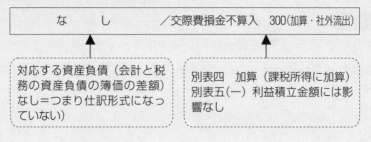

別表四：所得の金額の計算に関する明細書

区分		総額	処分	
			留保	社外流出
当期利益又は当期欠損の額				
加算	有価証券評価損否認	100	100	
	交際費の損金不算入額	300		300
減算	減価償却超過額認容	50	50	
	受取配当益金不算入			700

<（社外）流出>
別表五（一）
転記なし

別表五（一）

I：利益積立金額の計算に関する明細書

	期首	減	増	期末
有価証券		100	100	
器具備品	300	50		250

<留保>
別表五（一）に転記

　社外流出処理された項目は，一般的には税率差異の発生要因となりますが，例外もあります。たとえば第4章1-8に登場した税務上未確定債務として計上された時点で一時差異と認識されなかった役員賞与引当金などがそうです。また，所得税額控除の還付金・欠損金の繰戻還付による還付金なども別表四上は流出欄に記載しますが，こちらも税率差異発生要因とはなりません。したがって，別表四の流出欄に記載されたものを自動的に集計するのではなく，項目ごとにその内容を確認していくことが大切です。

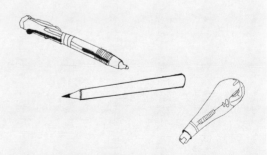

参考2 法人税・地方法人税・住民税・事業税の計算構造

　以下に，参考として法人税・地方法人税・住民税・事業税の計算構造を示しました。税率差異の理解に必要と思われる最小限のアウトラインのみの図解ですので，正確な課税関係を確認する場合には，条文あるいは税法に関する専門書を参照してください。

【法人税額・地方法人税額の計算構造】

課税所得 ＝ 当期利益 ± 各種税務調整

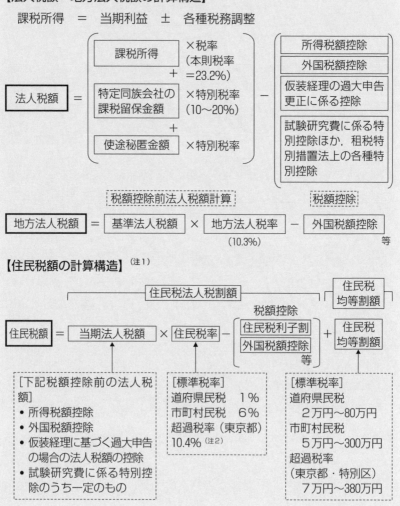

【住民税額の計算構造】 (注1)

【事業税所得割額・特別法人事業税額の計算構造】(注1,3,4)

$$\boxed{\begin{array}{c}\text{事業税}\\\text{所得割額}\end{array}} = \left(\boxed{\begin{array}{c}\text{法人税}\\\text{課税所得}\end{array}} \pm \boxed{\begin{array}{c}\text{調整}\\\text{措置}\end{array}} - \boxed{\begin{array}{c}\text{繰越欠損}\\\text{金控除}\end{array}}\right) \times \boxed{\begin{array}{c}\text{事業税}\\\text{所得割税率}\end{array}}$$

(加算)
損金の額に算入した所得税額
損金の額に算入した外国法人税の額
(減算)
外国の事業に帰属する所得以外の所
　　得に対して課された外国法人税額
外国の事業に帰属する所得
事業税法上の非課税所得
　　　　　　　　　　　　　　　など

[標準税率(注5)]
外形標準課税法人　1％
その他の法人　7％(注1)
[超過税率(東京都)(注5)]
外形標準課税法人　1.18％
その他法人　7.48％

$$\boxed{\begin{array}{c}\text{特別法人}\\\text{事業税}\end{array}} = \boxed{\begin{array}{c}\text{事業税所得割額}\\\text{(標準税率による)}\end{array}} \times \boxed{\begin{array}{c}\text{特別法人}\\\text{事業税}\end{array}}$$

外形標準課税法人　260％(注3)
その他の法人　　　37％(注3)

(注1)住民税・事業税ともに事業所が複数ある場合には，住民税法人税割・事業税
　　　所得割の課税標準を分割して地方自治体ごとに税額を計算，申告納税を行う。
(注2)23区内に事務所がある場合（道府県分と市町村分の合計）
(注3)特別法人事業税は事業税所得割を課税標準とするため，本書では事業税・特
　　　別法人事業税を一括して事業税として表示，合計税率にて計算を行っている。
　　　[合計税率の計算例（東京都，外形標準課税法人）*]
　　　　事業税1.18％＋地方法人特別税1％×260％＝3.78％
　　　なお，平成29年4月1日以後開始事業年度より地方法人特別税は廃止，事業税
　　　に統合。
(注4)事業税には所得割のほかに付加価値割・資本割がある（外形標準課税法人の
　　　場合）。付加価値割・資本割は損益計算書上，販売費及び一般管理費に計上される（実
　　　務対応報告第12号　法人事業税における外形標準課税部分の損益計算書上の表示
　　　についての実務上の取扱い）。
(注5)軽減税率不適用の場合

【執筆者紹介】

中島　努

公認会計士

1988年　慶應義塾大学商学部卒業

　同年　サンワ・等松青木監査法人（現　有限責任監査法人トーマツ）に入所

2011年　株式会社ミロク情報サービス入社

現在　同社税経システム研究所上席研究員

主な著書

『税効果会計の経理入門』（共著，中央経済社）

『会社法計算書類作成ハンドブック』（共著，中央経済社）

『会社法の会計実務ガイドブック』（共著，中央経済社）

『新しい事業報告・計算書類』（共著，商事法務）

中島　礼子

税理士

主な著書

『そうだったのか！税法条文の読み方』（共著，中央経済社）

『そうだったのか！　組織再編条文の読み方』（中央経済社）

『税務申告でミスしないための組織再編の申告調整ケース50＋6』（共著，中央経済社）

『スクイーズ・アウトの法務と税務（第3版）』（共著，中央経済社）

『インセンティブ報酬の法務・税務・会計』（共著，中央経済社）

『組織再編税制で誤りやすいケース35』（共著，中央経済社）

税効果会計における「税率差異」の実務（第3版）

2011年 9 月10日	第 1 版第 1 刷発行
2012年 9 月25日	第 1 版第 6 刷発行
2014年10月20日	第 2 版第 1 刷発行
2017年10月25日	第 2 版第16刷発行
2023年 4 月25日	第 3 版第 1 刷発行
2024年 8 月20日	第 3 版第 5 刷発行

著　者　中　島　　　　努
　　　　中　島　礼　子

発行者　山　本　　　　継

発行所　㈱中　央　経　済　社

発売元　㈱中央経済グループ
　　　　パ ブ リ ッ シ ン グ

〒101-0051　東京都千代田区神田神保町 1 - 35
電話　03 (3293) 3371（編集代表）
　　　03 (3293) 3381（営業代表）
https://www.chuokeizai.co.jp
印刷／昭和情報プロセス㈱
製本／㈲ 井 上 製 本 所

ⓒ 2023
Printed in Japan

●実務・受験に愛用されている読みやすく正確な内容のロングセラー!

定評ある税の法規・通達集 シリーズ

所得税法規集
日本税理士会連合会 編
中央経済社

❶所得税法 ❷同施行令・同施行規則・同関係告示 ❸租税特別措置法(抄) ❹同施行令・同施行規則・同関係告示(抄) ❺震災特例法・同施行令・同施行規則(抄) ❻復興財源確保法(抄) ❼復興特別所得税に関する政令・同省令 ❽災害減免法・同施行令(抄) ❾新型コロナ税特法・同施行令・同施行規則・同関係告示 ❿国外送金等調書提出法・同施行令・同施行規則・同関係告示

所得税取扱通達集
日本税理士会連合会 編
中央経済社

❶所得税取扱通達(基本通達／個別通達) ❷租税特別措置法関係通達 ❸国外送金等調書提出法関係通達 ❹災害減免法関係通達 ❺震災特例法関係通達 ❻新型コロナウイルス感染症関係通達 ❼索引

法人税法規集
日本税理士会連合会 編
中央経済社

❶法人税法 ❷同施行令・同施行規則・法人税申告書一覧表 ❸減価償却耐用年数省令 ❹法人税法関係告示 ❺地方法人税法・同施行令・同施行規則 ❻租税特別措置法(抄) ❼同施行令・同施行規則・同関係告示 ❽震災特例法・同施行令・同施行規則(抄) ❾復興財源確保法(抄) ❿復興特別法人税に関する政令・同省令 ⓫新型コロナ税特法・同施行令 ⓬租税透明化法・同施行令・同施行規則

法人税取扱通達集
日本税理士会連合会 編
中央経済社

❶法人税取扱通達(基本通達／個別通達) ❷租税特別措置法関係通達(法人税編) ❸減価償却耐用年数省令 ❹機械装置の細目と個別年数 ❺耐用年数の適用等に関する取扱通達 ❻震災特例法関係通達 ❼復興特別法人税関係通達 ❽索引

相続税法規通達集
日本税理士会連合会 編
中央経済社

❶相続税法 ❷同施行令・同施行規則・同関係告示 ❸土地評価審議会令・同省令 ❹相続税法基本通達 ❺財産評価基本通達 ❻相続税法関係個別通達 ❼租税特別措置法(抄) ❽同施行令・同施行規則(抄)・同関係告示 ❾租税特別措置法(相続税法の特例)関係通達 ❿震災特例法・同施行令・同施行規則(抄)・同関係告示 ⓫震災特例法関係通達 ⓬災害減免法・同施行令(抄) ⓭国外送金等調書提出法・同施行令・同施行規則・同関係告示 ⓮民法(抄)

国税通則・徴収法規集
日本税理士会連合会 編
中央経済社

❶国税通則法 ❷同施行令・同施行規則・同関係告示 ❸同関係通達 ❹国外送金等調書提出法・同施行令・同施行規則 ❺租税特別措置法・同施行令・同施行規則(抄) ❻新型コロナ税特法・令 ❼国税徴収法 ❽同施行令・同施行規則・同告示 ❾滞調法・同施行令・同施行規則 ❿税理士法・同施行令・同施行規則・同関係告示 ⓫電子帳簿保存法・同施行令・同施行規則・同関係告示・同関係通達 ⓬行政手続オンライン化法・同国税関係法令に関する省令・同関係告示 ⓭行政手続法 ⓮行政不服審査法 ⓯行政事件訴訟法(抄) ⓰組織的犯罪処罰法(抄) ⓱没収保全と滞納処分との調整令 ⓲犯罪収益規則(抄) ⓳麻薬特例法(抄)

消費税法規通達集
日本税理士会連合会 編
中央経済社

❶消費税法 ❷同別表第三等に関する法令 ❸同施行令・同施行規則・同関係告示 ❹消費税法基本通達 ❺消費税申告書様式等 ❻消費税法等関係取扱通達等 ❼租税特別措置法(抄) ❽同施行令・同施行規則(抄)・同関係告示・同関係通達 ❾消費税転嫁対策法・同ガイドライン ❿震災特例法・同施行令(抄) ⓫震災特例法関係通達 ⓬新型コロナ税特法・同施行令・同施行規則・同関係告示・同関係通達 ⓭税制改革法等 ⓮地方税法(抄) ⓯同施行令・同施行規則(抄) ⓰所得税法人税政省令(抄) ⓱輸徴法令(抄) ⓲関税法令(抄)・同関係告示 ⓳関税定率法令(抄) ⓴国税通則法令・同関係告示 ㉑電子帳簿保存法令

登録免許税・印紙税法規集
日本税理士会連合会 編
中央経済社

❶登録免許税法 ❷同施行令・同施行規則 ❸租税特別措置法・同施行令・同施行規則(抄) ❹震災特例法・同施行令・同施行規則(抄) ❺印紙税法 ❻同施行令・同施行規則 ❼印紙税法基本通達 ❽租税特別措置法・同施行令・同施行規則(抄) ❾印紙税額一覧表 ❿震災特例法・同施行令・同施行規則(抄) ⓫震災特例法関係通達等

中央経済社